現場からオフィスまで、
全社で展開する

トヨタの自工程完結

リーダーになる人の仕事の進め方

トヨタ自動車株式会社
相談役・技監
佐々木眞一
Sasaki Shinichi

ダイヤモンド社

はじめに

日本は仕事のやり方を変えなければいけない時期に来ている

トヨタ自動車の創業物語が、民放テレビでスペシャルドラマになって放映されたのは、私が副社長を務めていたときでした。ご覧になられた方もいらっしゃるかもしれません。創業者の豊田喜一郎が、国産自動車をいかにして作るか、奮闘するストーリーでしたが、そのドラマのタイトルが「LEADERS　リーダーズ」でした。

リーダーが複数形になっている。これは実は、トヨタがとても強調したい思いでした。すなわち、豊田喜一郎一人では、自動車はできなかった、ということです。たくさんのリーダーたちが、いろいろな部門に、いろいろな組織に、いろいろなチームにいて、たくさんのリーダーたちによって、国産自動車は生まれたのです。

トヨタは今でも、この意識を強く持っています。だから大事なことは、たくさんのリーダーを輩出すること。もっと言えば、一人ひとりがリーダーにならなければいけないということです。そうなって初めて、トヨタという会社は輝くことができる。その認識を強く持たないといけないし、それがあったからこそ、今のトヨタはあると思っています。

そしてもう一つ、トヨタが大事にしてきたことがあります。それは、仕事は何のためにあるのか、ということです。その原点を、忘れないようにしないといけない。

すなわち、すべての仕事はお客さまのためでなければならない、ということ。お客さま第一、品質第一。昨日より今日、今日より明日、というカイゼン魂で、トヨタは車を作ってきました。

かつてトヨタには、不具合が多い車を作ってしまっていた時代があったのです。最初にトラックを作ったとき、すぐに壊れてしまう事態が続出しました。トラックは生産財ですから、すぐに代替えの車を持っていかなければならなかった。そして、とにかく謝ってまわった、という歴史から始まっているのです。

乗用車で成功し、名車と言われたクラウンも、アメリカに輸出したらパワー不足で高速道路に合流できないと言われ、一時期、アメリカから撤退したこともあります。大衆車のコロナも、新しい技術を取り入れた車でしたが、初代は足回りが弱いという批判にさらされました。そこから品質を高めるために、トヨタは必死でやってきた。それは逆に言えば、厳しい評価をしてくださったお客さまのおかげなのです。


私は技術系の出身ですが、トヨタでは多くの技術者が、「販売店に鍛えていただいた」という意識を強く持っています。販売店との定期的なミーティングが頻繁に行われ、お客さまからの厳しい声を徹底的に突きつけられるのです。言い訳は通用しません。なぜなら、そこにリアルなお客さまの声があるから。真正面から向き合うしかなかった。この「仕組み」があったからこそ、品質に向き合えたのです。

私は品質管理畑を長く歩みました。その中で、品質とは何かをずっと考えてきました。品質を管理していれば、品質は高まるのかといえば、実はそうではないのです。なぜなら、品質を作っているのは、人だからです。

そして、ひどいものを作ろうと思っている人はいないと私は思います。にもかかわらず、なぜ不良は起きるのか、なぜ失敗は起きるのか。それは、「仕組み」に問題があるからです。長く品質管理の仕事をしていて、私は、そう思うに至りました。そのために、何をすべきなのか。一人ひとりのリーダーは、社員は何をすべきなのか。

私は工場で「仕組み」を変える取り組みを進めました。そしてそこから、高い品質を実現する成功事例がたくさん出てきたのです。

日本中の会社でおかしなことが起きていないでしょうか。日本人は働き者だ、とよく言われます。だから、一生懸命に頑張る。

ところが、一生懸命に頑張っているのに結果が出ない、という人がたくさんいるのです。上司に怒られてしまう。取引先に不満を抱かせてしまう。考えてみれば、それはきわめて理不尽なことではないでしょうか。それこそ、モチベーションも上がらないでしょう。頑張っているのに結果が出ない、ということこそ、実はおかしなことだと私は思うのです。

バブル崩壊以降、「失われた二〇年」という言葉に代表されるように、日本の産業力の地盤沈下は大きく進みました。

それまでは大量生産で均一の品質で、不良品が出ないことが日本製品の最大の強みでした。ところが、価値観が大きく変わってしまった。より個性が求められるようになった。お客さまの好みに合わせて素早く動くことが求められるようになった。

よく言われるように、強い会社が生き残るのではありません。変化できる会社、素早く動ける会社が生き残る時代がやってきているのです。

ところが、日本の会社は素早いでしょうか。トヨタも同様です。これでは、新しい時代に対応できないということを意味しています。

では、どうすればいいのか。復活のキーワードの一つに掲げられているのが、スピードアップであり、ホワイトカラーの生産性向上です。

ホワイトカラーには不満があるかもしれません。自分たちは一生懸命にやっている。なのになぜ、そんなことを言われなければならないのか、と。

トヨタの現場はすごい、と言われます。技術の高さ、製品の品質の高さは、世界で評価されています。しかし、ホワイトカラーについてはどうでしょうか。トヨタのホワイトカラーの仕事がすごいとは、誰も言ってくれません。これでは悔しいと思うのです。トヨタのホワイトカラーはすごいと、やっぱり言われたいと思うのです。

入社試験はそれなりに難しいと思います。高い競争率をかいくぐってきた、優秀な人材が社内では働いているはずなのです。それだけの頭脳集団を抱えていながら、現場ほどの評価を得られないのはなぜなのか。

理不尽だと思うのです。では、どうしてこんなことが起きてしまうのか。いったいどこに問題があるのか。

問題は「仕事の進め方」にある、と私は気づきました。

私は二〇〇四年から、ベルギーにあるヨーロッパの現地法人で社長を務めました。ここで実感したのが、ホワイトカラーの仕事の違いでした。スピード感があった。意思決定が速かった。どんどん変化に対応していた。

日本に戻って、あらためてびっくりしました。旧態依然の根回し、擦り合わせ、調整会議、手直しにやり直し……。たしかに丁寧で品質は高くなっていくかもしれないけれど、このスピード感では海外で負ける、と思いました。

いろいろ調べてみても、日本の大会社でホワイトカラーの生産性を上げることに、真正面から取り組んでいる例はあまりないようです。言葉は本当に申し訳ないですが、みんな根性だけでやっているように見える。でも、はたしてそれで、世界を相手にこれからも戦っていけるのかどうか……。

日本の「失われた二〇年」の大きな要因は、もしかしたら、ここにこそあったのかもしれない、と思いました。もう現場の強みだけでは、勝負ができなくなったということです。

では、どう変わればよいのか。

トヨタでは今、新しい取り組みを進めています。トヨタがやろうとしていることはと、リーダーになる人すべてに理解してもらわないといけないこと。「自工程完結」と社内で呼ばれている取り組みについて、ご紹介したいと思います。

トヨタ自動車株式会社　相談役・技監　佐々木眞一

現場からオフィスまで、全社で展開する
トヨタの自工程完結 ［目次］

序章　トヨタが今、全社で取り組みを進めている「自工程完結」という考え方　1

第1章

トヨタのリーダーたちに求められる新しい仕事の考え方は、いかにして生まれたのか

19

第2章 「自工程完結」にすると、どうして成果が出せるのか 77

第5章　トヨタのスタッフ部門では、実際どのように「自工程完結」は活用されているか

第6章 「自工程完結」はトヨタに何をもたらしたのか

現場からオフィスまで、全社で展開する
トヨタの自工程完結

序章

トヨタが今、全社で取り組みを進めている「自工程完結」という考え方

職場でよく見る上司の六つの残念顔

例えば、こんなことが仕事で起きていないでしょうか。

1. 「これをまとめておいてくれ」と上司に書類作りを依頼された部下。「はい！わかりました！」

ところが、でき上がった書類を見て、上司はイマイチ顔。

上司「いや、これはお客さまとの打ち合わせに使うものなので、社内用語を散りばめたような書類を求めていたんじゃないんだよね……」（先に言えばよかった）

部下「やり直しですか……」（先に言ってくださいよ）

部下は一生懸命に仕事をしていたのです。ところが、上司の評価が得られなかった。どうしてこんなことが起きてしまったのか。それは、こういうことではないでしょうか。

↓ 何のために資料をまとめるのか、「目的」の共有がなかった。

ほかにも、こんなことが起きていないでしょうか。

2.「部長との相談のために、このデータをまとめておいてくれないか」と上司にお願いされた部下。「はい！ わかりました」（よし、頑張ってまとめるぞ）

ところが、上司は不機嫌顔。

上司「いや……。こんなに細かくなくてもよかったんだけど……」（しかも上がりが遅い。もっとざっくりでよかったんだよ）

部下「そんな簡単なものでよかったんですか……」（なんだよ、もう）

これもまた、部下は一生懸命に仕事をしていました。なのに、上司の残念そうな声が聞こえてしまった。どうしてなのか。こういうことだと思うのです。

↓ どんな資料をまとめるのか、「アウトプットイメージ」を共有できていなかった。

例はほかにもあります。

3.「これ今日中にできるでしょ。やっといて！」と上司から言われた部下。

「はい！　わかりました」

ところが、上司は夕方になってイライラ顔。

上司「まだできないの？　早くしろ。あと一時間しかないぞ」（ったく、ちゃんとやり方まで教えておけばよかった）

部下「はい、急ぎます」（最初にやり方まで確認しておけばよかった……）

上司は任せて大丈夫だと安心していた。部下もできると思っていた。なのになぜ、こんなことが起きてしまったのか。こういうことではないでしょうか。

→ **どうやって資料を作るのか、具体的な「手順」が共有されていなかった。**

こんな例もあります。

4.「今回のイベント企画は大丈夫か。よろしく頼むぞ」と言う上司に、部下は「前回と同じ内容でいくので大丈夫だと思います」

ところが直前になって、部下から「イベント会場が使えなくなりました」と報告があり、上司はあきれ顔。

上司「会場借用の承諾は書面にしなかったのか?」

部下「電話でお願いしただけです」

当然、合意したことが書面になっていると思っていたのに、できていない。これでは上司はがっかりです。それは、この原則が忘れられていたからでしょう。

↓ **それぞれの仕事で、どういう状態であれば大丈夫なのかが共有されていなかった。**

もう一つ挙げてみましょう。

5．上司に対して、「こういう案でいきたいと思います」と部下。
ところが、上がってきた書類に上司は不満顔。
上司「AとBの情報は把握しているみたいだけど、Cの情報からも考えてるの？」
部下「あっ！　Cの情報が抜けていました。すぐにやり直します……」

出し直し、やり直しは、部下も上司も疲弊します。モチベーションも大きく下がる。どうしてこんなことが起きるのか。

→　仕事に必要な情報を漏れなく把握できていなかった。

こんなケースもあります。

6.「前任の残した手順のとおりに書類作りをやっておいてくれ」と言う上司に、
部下は「はい！　わかりました」

ところが上司は怒り顔。部下は、こんな複雑なやり方でなくても、違うやり方のほうが効率的だ、とやり方を変えてしまった。

上司「こらっ！　お客さまからお叱りの連絡が来たんだぞ。いつもと違う、と」

（ちゃんとワケまで伝えておけばよかった）

部下「申し訳ありません」（確認しておけばよかった）

自分なりに判断していいことと、するべきではないことがありますが、こういうことはよく起こります。だから、肝に銘じておかなければいけないことがある。要するに、こういうことではないでしょうか。

↓ 手順やルールには、なぜそうするのか「ワケ」があるのに、勝手に判断してしまった。

基本的なことが、実は職場ではできていない

六つの例を挙げました。いずれも、部下は一生懸命に仕事をしていたのです。ところが、上司からは芳しい評価を得ることができなかった。その理由を六つ掲げました。

1. 何のために資料をまとめるのか、「目的」の共有がない。
2. どんな資料をまとめるのか、「アウトプットイメージ」を共有していない。
3. どうやって資料を作るのか、具体的な「手順」が共有できていない。
4. それぞれの仕事で、どういう状態であれば大丈夫なのかが共有されていない。
5. 仕事に必要な情報を漏れなく把握できていない。
6. 手順やルールには、なぜそうするのか「ワケ」があるのに、勝手に判断してしまう。

ご覧になって、どんな印象をお持ちになられたでしょうか。こんなことは仕事の基本、自分たちの会社にはまず起こらない。そんなふうに言えるリーダーは、そうそういないのではないでしょうか。

実際には、こういうことがオフィスではたくさん起きている現実があると思うのです。そして、仕事のやり直し、作り直しは大きなロスをもたらしています。生産性を大きく下げ、スピードを阻害します。しかも、社員はやる気を削がれてしまう。モチベーションは上がらない。

だからこそ、こうした状況を生み出さないために、絶対に必要なことがあると私は思っています。私たちは「実は基本的なことができていない」という認識を持っておかなければいけないということです。

そこでスタートさせたのが、仕事の質を向上させるために、トヨタが新たに取り入れた考え方でした。この取り組みは、工場の現場から始まり、現在ではスタッフ部門まで全社で進めています。

管理者になる前も、管理者になってからも、私がずっと感じていたのは、一生懸命やっているのに、結果で文句を言われてしまう理不尽さが、会社ではあまりに多いということでした。だから、それを起こさせないための取り組み、と言ってもいいと思います。

そして、この取り組みを、トヨタ社内では「自工程完結」という名称で呼んでいます。どうしてこの名前なのか、詳しくは後に語ります。そして海外ではそのままローマ字で「Ji Kotei-Kanketsu」もしくは略して「JKK」と呼ばれています。

スタッフ部門は生産性向上の意識が低い

仕事をしている人は誰しも、間違ったことをして叱られたり、ミスを出したり、やり直しをしたりは、したくないと思います。だから、そういうことはしないぞ、と自分に言い聞かせて、仕事に取り組んでいます。

また会社や上司も、そういうことはしないように、部下に伝えますし、会社としても、上司としても努力する。ところが、どうしても起きてしまう現実があります。

要するに私は、こういうことだと思うのです。やってはいけない、起こしてはいけない、といった単なる「心がけ」ではうまくいかないということです。思っているだけでは、結果に結びついていかない。「心がけ」だけではダメなのです。そもそも仕事の進め方に問題がある、ということなのです。

そこで私が考えたのが、「心がけ」ではなく、もっと科学的に仕事の進め方を捉えることでした。ミスをなくしたり、やり直しをしなくても済むアプローチをするということです。それが、「自工程完結」です。

工場からスタートし、現場や技術者の間で広まって、この取り組みは大きな成果を生み出しました。品質管理の検査で、どうしても出てきてしまう不具合が、この取り組みで一気になくなった事例もあります。

そして、生産現場での成果をスタッフ部門にも広められないか、ということで、二〇〇七年一月から、「自工程完結」はトヨタの会社方針となりました。

あまり知られていないことかもしれませんが、トヨタの工場をはじめとした生産現場では毎年、生産性を向上させる具体的な目標を持っています。

自動車産業の競争は熾烈です。日本の現場は労務費が世界に比べて高いという現実があります。エネルギーコストも安くない。そんな中で、どうやって生産性を上げていくか。トヨタは、現場で「カイゼン」を徹底的に推し進め、省人化や省エネ技術の開発に必死で取り組むなど、生産性向上に挑んできました。

実は「自工程完結」も、そうした生産性向上の努力の中で生まれてきたものでした。そして、生産性向上目標に、かなり寄与することができたと思っています。

一方、スタッフ部門、いわゆるホワイトカラーの部門には、生産性向上目標はありません。だからでしょうか、生産性に対する意識がきわめて低いのです。何かを決めるにしても、むしろ時間をかけたほうが正しい結論が出るのではないか、といった空気があるのではないか。私はそんな印象すら持ちました。

上司も、時間をかけて考えたり、仕事をしたほうが、部下を評価することがある。勤務時間中の早い時間に「これはどうでしょうか」と持っていくと、「やり直せ」と言われるのに、残業になって夜に持っていくと、「よく頑張ったな」となったりする。

それなりにできていても、一回目の提出は絶対にOKしない、という上司もいます。もう一回、やり直し、と突き返す。それが上司の仕事だと思っている人がいる。しかも、どこが悪いのか、も言わないのです。

要するに、ただ単にもっと頑張らせるため。とにかく三回持ってこないと通させない。ところが、三回目だといい加減でも通してしまったりする。そんな仕事が繰り広げられている印象があったのです。

誰でも決断できるほどのデータがあるなら、上司は必要ない

私自身、海外で働き、外国人の部下を持った経験もありますが、日本の仕事で感じるのは、何よりやり直しの仕事が多いことです。

これは、上司から部下への権限委譲が進んでいないことにも由来しています。いつも自分の上司にお伺いを立てて仕事をしないといけない。だから、部下にも自分の上司を意識した仕事を求める。「これではきっと上司が納得しない」「上司に受け入れてもらえないかもしれない」「もっと頑張りを見せないといけない」とばかりに、部下に必要以上の仕事をさせる。だから、やり直しが増える。細かな仕事が増える。仕事量が増える。残業が増える。

そして上司はといえば、意思決定がなかなかできない。慎重に、慎重に時間をかけてやろうとする。だから、その材料を部下に求める。あれは考えたか、これも考えたか。あのデータも欲しい、このデータも欲しいと、本当はそれほど必要

ないデータまで求める。いつも質問攻めで、何か持っていくと、「これも作っておいてくれ」と仕事が一つ増えたりする。いつまで経っても、結論が出ない。

これでは、部下は疲弊してしまいます。それこそ、誰でも決断できるほどのデータがあるなら、上司は必要ないのです。誰でも決断できるわけですから。

要するに、これだけの情報があれば意思決定できる、という「前提」が共有されていないのです。だから、時間がかかってしまう。

これも海外に出て感じたことですが、日本では、とにかく情報の共有化ができていません。言葉を換えれば、どの仕事がどの程度のレベルで行われるべきなのか、標準が共有されていないのです。誰がどんな知識を持っているのかも、共有されていません。だから、隣に聞けば二分でわかることを、二時間かけて調べてしまったりする。

実際、日本のスタッフ部門には、暗黙知がたくさんあります。「あの人にしかできない」が価値になっている。いや、価値にしようとしているのかもしれません。その仕事は自分にしかできない、というものを作ろうとしてしまう空気があると思うのです。

おかげで人事異動のたびに、大きな無駄が生まれることになります。暗黙知ですから、またゼロからスタートしないといけない。仕事をマスターするのに、大いに時間がかかる。

みんな無駄なことはしていないつもりです。しかし、それは「やっているつもり」になってしまっているだけだ、ということに気づく必要があります。それは、単なる「心がけ」。「やろうと思っている」で終わってしまっている。実はたくさんの無駄が、潜んでいるのです。

「カイゼン」との両輪をなすもの。「カイゼン」を定着させるもの

残念ながら、トヨタにおいても、こういった仕事がたくさんあると思っています。私は技術屋で生産性を常に追求してきた人間でした。現場を知っている人間には、とりわけスタッフ部門の仕事には歯がゆさがありました。

しかし、そもそもこんなことをやっていたのでは、もはや海外との競争では勝

てない、ということに気づかなければいけません。生産性を高め、素早く意思決定しないといけない。

そこで「心がけ」を「心がけ」で終わらせることなく、科学的にやることを考えたのが、「自工程完結」という新しい取り組みだったのです。

「自工程完結」とは、良い仕事しかできない、良いものしか作れないという条件は何なのか、ということを徹底的に、科学的に実現しようとする考え方です。

この考え方のもとで仕事を突き詰めていくと、今まではあきらめていた生産性の向上が、これまで以上に図れるのではないかと考えました。

トヨタには、世界に知られるさまざまな用語があります。「カイゼン」もそうですし、「QCサークル」もそう。「トヨタ生産方式」もそうです。では、新しい取り組みの「自工程完結」はその中で、どんな位置づけになるのか。

端的に言えば、トヨタの品質と生産性をカバーしているのは、「トヨタ生産方式」です。「カイゼン」はその中で行われるエンドレスの活動です。そして「QCサークル」は、「カイゼン」を促進する活動と言っていいと思います。

「自工程完結」は、良い仕事をするためには、どうすればいいのか、を科学的に洗い出す、という考え方です。部分ではなく、全体を見ます。

その意味では、「カイゼン」との両輪をなすもの、と言えると思います。「自工程完結」という笠をかぶせたうえで、「カイゼン」を行っていくと、「カイゼン」は後戻りせず、定着していくのです。

まだ、概念的で少しわかりにくいかもしれません。次章では、実際のトヨタのオフィスでの事例や私の経験をベースに、なぜこの新しい取り組みが生まれたか、というところから、詳しく説明していきたいと思います。

第1章

トヨタのリーダーたちに求められる新しい仕事の考え方は、いかにして生まれたのか

絶対に間違えられない膨大な量の「つらい仕事」はどう変わったか？

「自工程完結」でどのように仕事の質を高めるのか、イメージを膨らませていただくために、実際のトヨタの事例の紹介から始めましょう。

品質保証部という部署の業務に、完成検査終了証の発行業務、と呼ばれているものがあります。自動車には車検制度があり、日本国内では車検を通った車だけが公道を走ることができます。これは新車も同様ですが、国が行う新車車検を、メーカーが検査を行い「完成検査終了証」を発行することで代行できる仕組みがあるのです。

トヨタは、検査を合格した証しとして「完成検査終了証」を発行しています。この業務を担当しているのが、品質保証部でした。

まずは「完成検査終了証」に必要となるデータを社内から集め、「完検証マスタ」と呼ばれるデータを作り、発行処理をして申請、登録という流れになりますが、この「完検証マスタ」の作成に大変な手間がかかっていました。

また、「完成検査終了証」に間違いがあったりすると、国の登録ですから大きな問題になります。実際、「完検証マスタ」を作成するプロセスでミスが起き、データ修正をして国土交通省に報告をしましたが、三日間、車両が登録できず、お客さまにご迷惑をかけたという問題が発生したこともありました。

「完検証マスタ」の作成でやっかいなのは、三つの異なる部門から三つの仕様情報を入手し、一つのデータに落とし込んでいかなければいけないことでした。

法規部の認証仕様、製品企画部の車両仕様、国内商品部の受注仕様です。一台の同じ車の仕様でも、三つの部門から見ると異なる捉え方がなされます。認証仕様は国土交通省に申請する法律上の違いを表す言葉が中心の仕様情報で、車両仕様は製造するうえでの部品の種類と組み合わせを表す仕様情報、受注仕様はお客さまが好みによって選択する色や材料のグレードなどが加わる仕様情報、と言えばわかりやすいかもしれません。

それぞれの部門が、自分たちの使いやすいように必要な情報を仕様に落とし込んで、社内情報として流通させていたのです。そして、そうした異なる社内情報

完検証マスタの作成には
目視確認を伴う2度の置き換え作業が必要となる

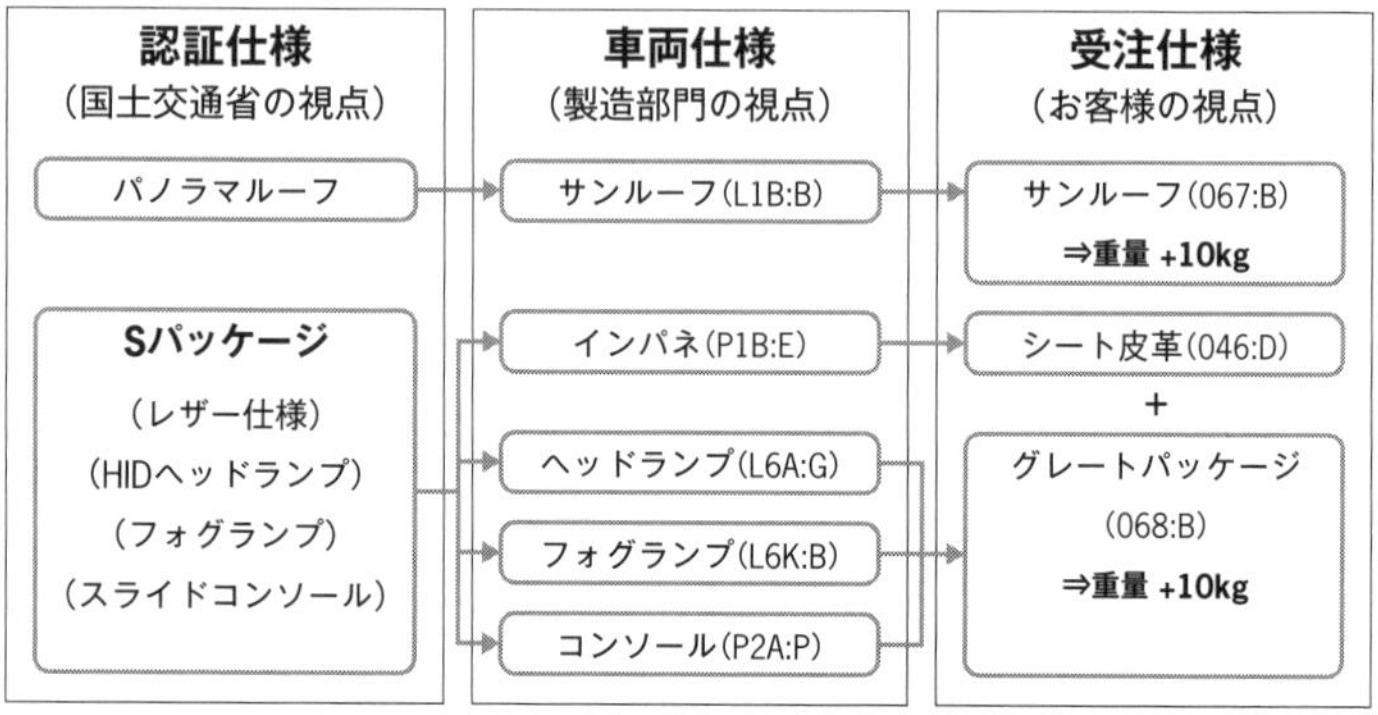

絶対に間違えられない大変複雑な気遣い作業だった

から、「完検証マスタ」に必要な情報をチョイスして置き換え、国に提出する書類を作り上げていくのが、品質保証部の業務の一つになっていました。

しかも、その数が膨大でした。これを二人のチームと上司の三人で行い、年間で約九〇〇〇時間が必要になっていた業務でした。

そうした中で、起きてはならないミスが起きてしまった。「完検証マスタ」の作成プロセスで情報を見落とし、三人によるチェックまでスルーしてしまったのです。

ストレスを感じているプロセスを洗い出す

膨大な情報と格闘する仕事、しかもミスのできない仕事ですから、もともとこの業務の担当者は大きなストレスを受けていました。社内の三つの部門が自分たちに都合よく作った、似たような仕様情報から、間違いのないよう置き換えをしなければいけない。

置き換えが正しくできているかどうか、元の仕様情報と、自分たちが置き換えた情報とを照合していく作業は、目視で行われていました。これを半日かけて、最大で一五〇〇件も行わなければなりませんでした。本当につらい作業だったようです。

それだけにミスが起きたことは、担当者に衝撃を与えました。問題が発生したプロセスを特定し、誰がどのような業務を行い、どのようなチェックが行われ、どこでミスが起きたのか、明らかにしました。

一生懸命やっていたのに、なぜこんなことが起きてしまったのか。ほかの作業は大丈夫か。こんな思いのまま仕事をするのはつらい、と感じたと言います。

そしてミスが起きたことをきっかけに、この業務を「自工程完結」の考え方を取り入れて見直してみる、ということが始まりました。不安をなくし、自信を持って仕事を進めるためにも、業務を標準化し、改善を進め、仕事の質を高めていくことを考えたのです。

まずは、現状把握から始まりました。取り組みを進めたのが、担当者がどんなところにストレスを感じているのか、洗い出していくことでした。トヨタでは、

「神経を使うような作業」について、「気遣い作業」という表現をします。やりたくない、面倒くさい、この仕事自体が不安……。そういった気遣い作業を、個々人がそれぞれの仕事の工程ごとに書き出していったのです。

そして個々人で次の三点を評価していくことにしました。

- 目的理解度
- やりにくい作業や面倒な作業はないか
- 工程ごとの必要なものは明確か（各手順を実施するために必要なものは明確か）

これを洗い出した二〇の業務プロセスごとに、「◎：まったく問題なし」「○：ほぼ問題なし」「△：ちょっと不安あり」の三つで評価していきました。課題があるプロセスを、「見える化」していったのです。

その結果、二〇の業務プロセスのうち、どこで「やりにくい作業や面倒な作業」があるのか、「工程ごとの必要なものは明確か」がわかっていったのです。

そして、なぜ「気遣い作業」になっているのか、要因の解析が行われました。

気遣い作業の洗い出しはこうして行った

【ステップ1】 個人で工程ごとに気遣い作業を洗い出し

率直に思うことを洗い出し
・「やりたくない」
・「めんどくさい」
・「不安…」

【ステップ2】 個人で下記3点を評価
①目的理解度
②やりにくい作業や面倒な作業はないか
③工程ごとの必要なものは明確か

【ステップ3】 チームで評価項目を共有化し、まとめ

◎・○・△で一連の作業をイメージで評価

業務伝承シート	工程（作業）名	理解度	複雑度	必要なもの
	完検マスタ進捗状況一覧表作成	○	○	○
○	受注スペック表入手	◎	△	○
○	車両申請書入手及び確認会	◎	◎	○
	完検マスター覧表作成	○	○	○
○	OEMマスタ作成	◎	○	○
○	発行保留指示	○	○	○
○	NOXマスタ作成	◎	○	○
○	置換え表作成（確認会）	○	△	△
○	特別仕様調査依頼	○	△	○
○	新諸元マスタ作成	◎	△	◎

記載例：◎まったく問題なし、○ほぼ問題なし、△ちょっと不安あり

やらなくてよかった仕事は、やはりしなくてよかった

例えば、「完検証マスタ」を作成するために、お客さまが選択した仕様情報を前工程にあたる国内商品部から入手していましたが、そこで担当者がどんな「気遣い作業」をしていたのかが明らかになりました。

「完検証マスタ」作成のために必要な営業担当者名が書かれていなかったり、仕様が変更されたときに何を参照すればよいのかが書かれていなかったりすると、担当者がすべて自力で調べていたのです。そこに時間も手間もかかっていました。

そこで、チーム内で相談して、必要な情報を明確化したうえで前工程の部署に情報の必要性を説明し、記載してもらうことにしました。

実は前工程では、品質保証部が自分たちのデータをもとに、そんな仕事をしていたということを知りませんでした。営業担当者の名前を書いたり、変更点を書くことはたいした手間ではなかったと言います。

また、先にも書いた半日一五〇〇件の目視による照合は、担当者に漫然とした作業を強いていました。「本当に嫌になる」「投げ出したくなっていた」という声もあったようでした。作業に納得がいかず、やる気が起きない、本当につらい、という状況を作っていた。

なぜかといえば、実はここでほとんどデータに違いがあることはなかったからです。そもそも、どうしてこの目視での照合が行われているのかといえば、かつて前工程のデータ作成でコンピュータのバグが発生し、データに間違いがあったからでした。しかし、そのバグはすでに解決されていたのです。

照合をやめたらどうなるのか、チームで内容を検討しました。そして前工程にデータの作成方法を確認したところ、今は当時のシステムが改善され、過去のような不具合は発生しないとわかりました。ただ、まったく照合しないという選択にはせず、約一五〇〇件から抜き取った最低限の約一〇〇分の一の確認で済ませることができるようになりました。精神的な負担を解消するだけでなく、工数も削減することができました。

この取り組みをきっかけに、「作業手順書（伝承シート）」が整備されました。

日々の業務では、このシートを確認しながら作業し、何か気づいたことはメモに残されるようになりました。そしてチームで毎週、確認会を実施、情報共有、対応の検討のうえ、「作業手順書」が改定されていくというサイクルが繰り返されています。

「◎：まったく問題なし」「○：ほぼ問題なし」「△：ちょっと不安あり」の三つで評価された業務プロセスは、その多くが改善されるに至っています。それにより担当者は、自信を持って意思決定しながら仕事が進められるようになりました。

お互いの業務を知ることで、前工程との信頼関係が生まれた

品質保証部での取り組みの一つの大きなポイントは、コツコツ、じっくりと取り組んだことです。担当者の「気遣い作業」の洗い出しから改善までは、実に約一年をかけて行われました。

作業手順書自体は、もともと担当者の間では共有されていたようです。しかし、

目的や必要なものなどは共有されていなかった。そのあたりも加えながら、しっかり業務を見える化したことで、担当者は安心して仕事を進められるようになりました。

そしてもう一つのポイントは、これまではなかった前工程とのコミュニケーションが生まれたことです。お互いの業務を知ることで、前工程との協力関係が生まれるようになりました。前工程では、後工程でデータがどんなふうに使われているか、認識されていなかったと言うのです。実は後工程がどんな情報を欲しかったのか、知らなかった。

こちらの苦労がわかれば、同じお客さまに向けて仕事をしているわけですから、理解は早い。ちょっと手間は増えるけれど、ちょっとだけだから、やりましょう、ということになったようです。担当者同士で相談後、グループマネージャー同士で確認、承認してもらうプロセスを踏みました。

それまでにも担当者間で電話をすることもあったようですが、お互いに顔を合わせてからのコミュニケーションは、一気に円滑なものになったそうです。

ミスもなくなり、「気遣い作業」も減った。もともと、後工程に悪いものを出さない、という姿勢を強く持っていました。実はそれは、他の部門でもそうだったのです。ところが、後工程が何を求めているのかを理解できていなかった。今回は、それがクリアになった。そうすると、いい流れが生まれ始めました。

入社二年目でこの取り組みを始めてリーダーとなった担当者は、「自工程完結」がうまくいった理由をこう語っていました。歩みを止めないことだ、と。結果が出るまでには、それなりに時間がかかります。走っている最中はつらくなることもある。だからこそ、歩みを止めないことが大切になると思う、と。

そして、自分の成長を感じることができた、とも語っていました。それが楽しいと思えたようです。やらされ仕事で、毎日、自分が何をしたかもわからない、ということはまったくなくなった、と。

「自工程完結」が取り入れられてからは、「ここが成長した」と自信を持って言えるようになった、と語ってくれました。

新しい考え方は、どのように生まれたか

最近のトヨタでの事例から、「自工程完結」がどのような効果を生むのか、イメージをつかんでもらえたでしょうか。

仕事の質を高め、生産性を上げ、モチベーションも高められる……。そんな新しい取り組みをトヨタで最初にスタートさせたのは、一九九七年のことでした。その成功事例に関心を持った当時の経営陣が、スタッフ部門への導入を決断。「自工程完結」が全社プロジェクトになったのは、二〇〇七年でした。

では、この新しい取り組みは、なぜ、どのようにして生まれていったのか。その経緯は、私自身の過去の経験にあります。いろんな思いの蓄積が、最後に新しい考え方へと結実していったのです。

これを理解していただくことこそ、トヨタの新しい考え方を理解していただく近道だと思います。

一九七〇年に大学を出て技術者としてトヨタに入社した私は、まずは工場の現場実習で鋳造部に行きました。型を使って金属の部品を作るところです。今のようなオートメーション化され、精度の上がった鋳造とは違い、当時は型の合わせのところに余計なものがたくさん残っていました。これをバリと言います。

バリは現場の工員がハンマーを使って、コンコンコンコンと荒っぽく取っていきます。その後、グラインダーできれいに仕上げていくのです。

私の現場実習での仕事は、ハンマーでバリを取る仕事でした。見ていると、現場ではいとも簡単そうにみんなやっている。これはラクチンそうだ、と思いました。ハンマーで叩けば、バリは落ちてくれるはずだ、と。

ところが、そんなに簡単なものではありませんでした。コンコンと叩いても、バリはすぐには取れないのです。しかも、穴が開いていないといけないところに残っていたりする。そうすると、細かい作業で取らなければいけません。ずっと叩いていると、ハンマーを持っている手の握力がだんだんなくなっていきます。

私は初日から夜勤の担当になりました。少し眠ってから行ったものの、夜通し作業を繰り返していると、慣れていませんから眠くなります。眠気と握力のなくなった腕のだるさとの戦いで、効率はまったく上がりません。

しかし、私が上手に叩いてバリを落とさないと、後で仕上げる人の仕上げ量が多くなってしまうのです。だから、丁寧にやろうとするのですが、そうするとどんどん作業が溜まっていってしまいます。見るに見かねて、工長が手伝ってくれました。

こんな簡単な作業もできないのか、と休憩中にへこんでいると、工長に言われました。

「あなたたちは、こんなこと別にうまくならんでもいいから。でも、こんな大変なことを現場でやらないかんということこそ、知っておいてほしい」

要するに、こんなことをやらなくても済むような製品を、技術を作ってほしい、ということです。見ていると、いとも簡単にやっているように見えるけれど、本当はやりにくい仕事なのです。やりにくい仕事を上手にやってくれるから、と甘えていること自体が問題なのだということです。

新卒で入社してくるトヨタの技術者には、どんな期待がされているのか、私はあらためて知りました。現場で、工員の作業がやりにくい状況を作ってはいけないということ。そういう製品の構造にしてはいけない。そういう作業を求める生産ラインにしてはいけない。

技術者からすれば、現場は「後工程」です。後工程のために、後工程のことも考えた、きちんとした仕事をしなければいけないということです。

あらためて思ったのは、現場実習に行くのは、作業を学びに行くのではなかったということでした。もとより作業者としては、半人前くらいの仕事しかできない。現場では、お客さん扱いなのですから。それよりも、技術者が何をやるべきか、現場のためにできることは何なのか、それが刷り込まれた実習になったのでした。

一生懸命にやっているのに、結果が出ないことが、いかに不幸か

私は大学時代、エンジンの研究をしていました。ですから自動車メーカーに入ったら、技術部に行き、エンジンの設計をやるものだとばかり思っていました。

ところが、行きたい配属先を第三希望まで書くように、と渡されたシートに、私は馬鹿正直に第三希望までしっかり書いたところ、その一つだった工場にあっさりと配属されたのでした。聞けば、技術部志望者の多くは、第一希望しか書かずに出していたということでした。

配属は、ある工場の検査部でした。文字どおり、品質検査をするセクションです。いろんなことをやりましたが、見るもの聞くもの、興味津々でとても面白かった。

学生時代も実験をしたり図面を描いたり、「こうやればススが減る」なんてことをやっていたわけですが、それはあくまで学生の勉強にすぎません。誰かに売るわけでもないし、誰の役に立つわけでもありません。

しかし、会社に入れば、自分が手がけたものが、些細なことでも品質改善につながったりするのです。悪いものが世の中に出ずに済んだりする。製品として、世のため人のために役立てる。それを自分自身でやれるというのは、とても大きな醍醐味でした。

私の担当は車両検査でした。でき上がった車が、良いか悪いか、判断する役割です。私は基本的にはバックグラウンドがエンジン設計をする機械屋ですから、検査をするときに使う道具を開発したりもしました。

あるとき、自分の担当する検査領域に、ホイールアラインメントというパートがありました。サスペンションやステアリングのシステムを構成する部品が的確な位置に取り付けられ、ホイール、車輪が正しく整列しているかを確認する仕事です。最後の検査で測定するものでしたが、ホイールの角度がずれていたりする規格外れが出ると、車両組立工程の上流である機械部にまで戻して、大きな手直しをしてもらわなければなりませんでした。

私の役割は検査ですが、検査でひっかかって後で手直しをしてもらうのも大変。そこでホイールアラインメントの調整を手がけている機械部に、「検査にひっかからない取り組みをしませんか」と申し入れをしたのですが、技術屋が出てきてけんもほろろの対応をされてしまいました。とにかくデータどおりにきちんと作っている、の一点張りなのです。たしかに、機械できちんと出た数字どおりに作っていることは間違いありませんでした。

しかし、それでも規格外れが出るわけです。これはおかしい、ということで、機械部の現場に直接、行って、現場の人たちと話をすることにしました。ところが、これが機械部の課長に見つかってしまいました。お前は検査の人間なのに、現場に来て何をやっているんだ、というわけです。

当時の私の上司は、定年を間近に控えた係長でした。私は上司と一緒に、機械部の課長に謝りに行きました。

「ちょっと、うちの若いのが、勢い余ってすみませんでした。仕事の邪魔をするつもりはなかったんですが、これからは気をつけてやらせますので」

上司はこう言って相手の課長に頭を下げてくれました。その後、私はてっきり係長に怒られると思っていました。ところが、帰りがけにこんなことを言われたのです。

「佐々木君、これで仁義を切ったから、もう勝手にやっていいぞ。行くのをやめさせますから、とは言ってない。気をつけてやらせます、と言っただけだから（笑）」

それでまた現場に通ううちに、規格外れの理由がわかりました。ホイールアラインメントの作業をするときは、車両重量を意識せず、ホイールアラインメントの調整を部品単体でやっていたのです。しかし、完成車になると、その部品には車の全体重量がずしりと加わります。部品が弾性で少したわみ、これでズレが出てしまったのです。

ならば、ということで、最初から車両重量分の負荷をかけて数値の計算をし直すことにしました。これで、規格外れはなくなりました。

機械部はヨソのシマですから、おっかなびっくりで行っていたのですが、頭を下げに行った課長の対応にも驚きました。

「おお、来たか」

結果的に、みんながハッピーになれたのです。もしあのとき、係長が「ヨソに行きやがって、バカヤロー。もう出入りはまかりならん」と言っていたら、検査では相変わらず規格外れが出続けていたでしょう。結果的に、やり直しをする機械部が困ったのです。

そういう上司に出会えたことが、本当に幸運でした。そしてこのときに大事なことを学びました。

それは、「一生懸命やることが、きちんと結果につながらないといけない」ということです。一生懸命に仕事をやっているのに結果が悪い、というのが、いかに不幸なことか。そして、自分たちの仕事だけでいいや、検査だけしていればいいや、とばかりに「工程完結」してしまっていたら、この不幸なことが起こりうるのです。

一生懸命やったら、きちんと良い結果が出る、という仕事をやっていかなければいけないと肝に銘じました。結果が出ないというのは、何かに原因がある。そこをきちんと追求しないといけないということです。

お客さま第一と言いながら、全然そうなっていない

三つ目に印象深かったのは、検査担当として販売店の技術サービス部門を訪問させてもらった経験です。全国の販売店をまわりましたが、特に名物技術課長として有名だった人が、神奈川県にいらっしゃいました。

怖い人だ、ということは聞いていたのですが、本当に厳しかった。エリアの技

術懇談会に呼ばれたりもするのですが、真剣勝負で、許してもらえないのです。中途半端な返答をすると、机を叩いて怒られる。「何をやってるんだ、お前は」といった厳しいセリフも飛び出してきます。

たくさんのお客さまに車を売られている販売店です。背負っているものが重いのです。ましてや神奈川県は、競合他社のお膝元でした。激しい競争が繰り広げられていました。

そしてあるとき、ある車種で問題が持ち上がりました。特殊な動力の伝え方をした車だったこともあり、少しでもバランスが崩れると、振動している部品に、「共振」と呼ばれる現象が加わることで振動幅が大きくなり、いわゆる「こもり音（耳を圧するような車内騒音）」がしてしまう、というトラブルでした。

こもり音の存在は製造段階で認識していました。ですから、そのバランスを極限まで調整しました。ただ、時速一〇〇キロ前後の五キロほどの狭い範囲だけ、こもり音が残ってしまっていたのです。しかし、当時はまだ高速道路も少なく、これほどの狭い範囲なら許容範囲内ではないかと、検査としても出荷ＯＫにしました。

ところが、このこもり音に名物技術課長がかみついたのです。検査を担当しているということで私を含めて、三人の技術者が直接、話をうかがうことになりました。

名物技術課長は、走行状態にできるドラムテスター（自動車をその場で走行状態にして検査する装置）の上に車を載せていました。その車に乗れ、と私たちは指示されました。そして課長はエンジンをかけ、一〇〇キロの走行状態にしました。こもり音が延々と続く中、私たちはずっと車の中にいたままでした。次第に頭が痛くなりました。

一時間経つと、エンジンが切られました。「どうだ？」と聞かれて、何も言えませんでした。

「都会には一時間こうやって走る道もある。この車だって、これから一〇年、二〇年、乗るお客さまがいる。この先、高速道路もどんどんできていくだろう」

修理部品を用意し、もう二度とこんな車を世に出さない、と約束しました。このとき思ったのが、自分たちの認識がいかに甘いか、ということです。お客さま第一、と口では言いながら、ちっともお客さま第一にはなっていなかった。それは、本当にお客さまと第一線で接している人だから、わかるのです。

このことがあってから、私は月に一度、名物技術課長のもとを訪れました。何か言われる前に自分から行こうと思ったのです。とても可愛がっていただき、本当にお世話になりました。最も品質に厳しい人ですから、品質基準をどうするかについて相談したこともありました。

このときにあらためて学んだのは、声を聞くことの大切さです。こちらが耳を閉ざしたとたんにダメになる、ということ。バッドニュースほど、きちんと聞かないといけないのです。そしてトヨタは、それを繰り返すことで品質を高めていったのです。

チームワークとは助け合いではない

四つ目は、不具合が出たときにそれを調査する、調査係の二人の若手技能系スタッフとのエピソードです。とても優秀な現場のスタッフでした。

一九八〇年頃だったと思います。真っ直ぐに走っているのにハンドルが傾く、ステアリングオフセンターというトラブルが、日本ではあまりないのに、アメリカで多発しました。

アメリカにはずいぶん輸出が進んでいた時期でしたが、それまで問題は特にありませんでした。ところが突然、頻発し始めたのです。

ハンドルの取り付けは、車の前車輪を正しく直進状態に調整するホイールアライメントテスターという装置上で、車が直進走行している状態を再現して行われます。このやり方は変わっていないのに問題が発生したことで、疑われるのは、時を同じくして採用されたスチールラジアルタイヤの特性でした。

二人の技能系スタッフは、作業の観察や、不具合車両から外したタイヤの計測と本当に頑張ってくれましたが、残念なことに、これといった原因が見つからない状態が長く続きました。しかしあるとき、彼らが興味深い現象に気づきました。それはタイヤメーカーが四社ある中で、A社とB社は右に傾き、C社とD社は左に傾くというものでした。

タイヤの外形上の計測ではまったく差が出ないために見逃していたのですが、

タイヤを少したわませてみると、それぞれ二社ずつのタイヤが同じように、接地面で右左に傾きをもってたわむことが判明しました。

そのタイヤのたわみ方が実走行とテスター上で異なるため、テスター上では実走行とは違う条件でハンドルを取り付けていたわけで、このたわみをコントロールすることで、対策ができました。

ちなみに、合成樹脂製のタイヤ補強糸をスチールコードで強化したことで、この傾向が強く出るようになったことと、タイヤメーカー二社ずつ、このスチールコード層の最外層のスチールコードの織り方の方向が異なっていたことが、後でわかりました。

このときにあらためて思ったのは、「どんなに不可解なことも、絶対に最後には理屈がある」ということです。原因がわからないことは起きえますが、どこかに必ず原因はあるのです。

そしてもう一つ、チームワークとは何か、ということでした。チームワークには助け合いのイメージがありますが、私は違うと思いました。このタイヤ問題に直面したとき、もし私があきらめたら、二人の技能系スタッフの努力は完全に無駄になってしまったのです。

後に、張富士夫・現名誉会長が講演で語っているのを聞いたことがあります。「チームワークというのは、けっして助け合いではない。人の努力を無駄にしないという気持ちが大事になる」

あれだけ頑張っているのに、自分があきらめたら彼らの努力が無駄になる。そう思いやることそのものがチームワークだ、と私は悟りました。

そして不可解なことにも原因がある、とはつまり、正しいことをすれば正しい結果が出るということ。一緒に頑張る仲間を思いやる気持ちがあるから、良い仕事はできるということです。

逆に言えば、正しい結果が出ていないときは、正しいことをしていないのです。そして、一緒に頑張る仲間を思いやれなければ、良い仕事はできないのです。

頭の中だけで理解しようとしてはいけない

もう一つ、これも技術の話ですが、びっくりするような不具合が起きたことがありました。足回りの下に、リアタイヤの前後の動きを制御するトレーリングアームという部品があります。これがゴムのブッシュを介してボディにネジ止めされていました。

このブッシュを圧入していた鋼製の円筒形の部分が割れる不具合が起きたのです。調べても、不具合の原因はわかりませんでした。鋼製の円筒部分が割れるほどの大きな衝撃が加わったなら、中のゴムにもダメージがあったはずです。しかし、鋼だけが割れていました。

現物を回収して見ると、塗装してある部分にチッピングと呼ばれる小石の当たった跡がありました。塗装が小さくはげていたのです。

驚いたのは、この調査を担当したスタッフでした。小さなハンマーを持ってきて、もし小石が当たったらどうなるのか、実に朝からずっと七時間叩き続けたのです。そうすると、鉄のカバーがパカッと見事に割れました。

小石の衝撃もハンマーの打撃も小さな力ですが、局部的に当たり続けるのです。そうすると、表面が硬くなる。鋼は衝撃を受けると硬くなる性質があります。

硬くなると、だんだんその部分に、硬いところと軟らかいところの境目ができてくる。それを起点に小さなクラック（亀裂）が生まれ、クラックが寄せ集まって、最後にはパカッと割れるのです。

材料の専門家にすれば、ある意味、常識的なことではありますが、これを七時間叩き続けて再現したところに驚きがありました。

おそらく実際の車では、砂利道などをよく走る車だったのでしょう。だから、塗装がはげていた。塗装に重要なヒントが隠されていたのです。だから、彼は七時間、叩き続けた。割れるまで叩くつもりだったと言っていました。

このときに実感したのが、「現地現物」の大切さです。頭の中だけで理解しようと思ってもできないことが、現地現物を見に行ったらヒントが見つかる。もっと言えば、頭の中だけで考えていたら危ない、ということです。

この問題は後に、上に柔らかいカバーを付けることで解決しました。それをプロテクターにしたのです。なまじ硬いから衝撃で硬くなる。ブリキのようなペランペランの金属だと、当たるだけで割れたりしない。

いろんなことが起き、それを解明していくことができる楽しみが、自動車の開発にはあります。もっともそれは、原因がわかったから、言えることではありますが。

目的やゴールに立ち戻らないと、人はすぐに間違えてしまう

自動車に不具合が見つかると、いろいろな方法で対処することになります。全国の販売店に一斉に必要な部品を送ることもそうです。中には大きな部品もあります。また、今でこそ宅配便など、スピーディに配達してくれる便利なものがありますが、昔はそんなサービスはありませんでした、

折しも、車の発売直前に不具合が見つかり、急きょ、部品交換をしなければならなくなったことがありました。ところが、すでに販売店に車が行ってしまっている。お客さまの手に渡る前に、急いで直してもらわなければいけない、という緊急事態が起きたのでした。

販売店にしてみれば、車はあるけれど、届けられない、売れないという事態。

当然、困っているという声が営業部隊に伝わることになりました。

トヨタ自動車はかつて、トヨタ自動車工業（自工）という製造を担う会社と、トヨタ自動車販売（自販）という営業を担う会社に分かれていました。当時はまだ、その分かれていた時代です。

するとそのとき、自販の若い営業担当者たちがトラックに乗って、工場にやってきたのです。何をしにきたのかと思ったら、これから自分たちで届けるから、トラックに部品を積んでほしいと言う。どこに行くのかと聞くと、青森まで行って、そこからだんだん南に下りながら販売店に配ると言うのです。

ちょうど私たちは、輸送会社の手配に必死になっているところでした。まさか自分たちで運ぶなどという発想は、まったく出てこなかった。それこそ、社員が自分の業務の範囲外のことをやって、事故でも起こしたらどうするか。会社としての安全管理基準からしていかがなものか、という声が上がったかもしれません。販売店とお客さまをお待たせしたまま、二、三日ごたごた議論して、結局でもしょうがないね、専門家に任せるべきだ、ということになったかもしれない。

しかし、営業からすれば、お客さまや販売店の困る姿を、じっとして見ていられなかったのです。組織論やら安全運行管理やら、そんなことよりも、文字どおりお客さま第一だった。

最終的には、工場の輸送係というプロが立ち上がって、全国に輸送してくれることになりました。自分たちの仕事も少し犠牲にしながら、配ってくれたのです。

このときに感じたのは、トラック運転のプロでもない営業が、ワッと駆けつけたことのすごさでした。お客さまのため、販売のため、という言葉が「心がけ」で終わっていなかった。心の底から思っていたから、あのような行動が出たのだと思うのです。

自分の仕事は、もちろん最終目的からすれば、お客さまにつながるものです。そもそも仕事は、お客さまのための仕事でなければおかしいのです。ところが、それがだんだんと忘れ去られてしまう。

そして何かの事情が変わったとき、人間はついつい今までやっていたことを正当化したくなるのです。大事な順番が入れ替わってしまう。

常に目的やゴールに立ち戻らないと、いちばん大事なことを忘れてしまいかねない。そのことをあらためて感じた出来事でした。

「八百屋の親父はなぜいつも元気なのか」とイギリスで考えた

一九九〇年、私はイギリスでトヨタの工場を立ち上げるために、品質管理部長として海外に赴任しました。トヨタの初のイギリス進出でした。現地でたくさんの優秀なマネージャーを採用しました。たくさんの工員が、トヨタの車を作れるということで集まってくれました。

工場では、各部に一人ずつ日本人が配置されました。現地の部長のコーディネーターとも言うべき位置づけで、いずれ日本人は戻り、現地に任せていくという計画でした。

鳴り物入りでスタートした工場でした。品質、生産性ともに目標をクリア。社員もみな活き活きと働いていました。しかし、稼働が安定し、社員の新規採用も一段落した頃から次第に様子が変わっていきました。現地の工員のモチベーションが急低下してしまったのです。

病気になったから休みたい、という欠勤者がたくさん出始めました。それどころか、突然、今日は仕事に行けない、という突発欠勤も起こり始めました。腰やヒザの痛みで作業ができない、という作業制限者も現れました。

イギリス人のマネージャーはこう分析していました。新規採用がすべて終了したことでポストが埋まり、昇格チャンスがもうないことが原因ではないか。また、トヨタ生産方式が学べると思ったが、それは何でもうまくいく魔法のような方法ではないことを知ってしまったことではないか、という声もありました。

要するに、社員にとって会社が楽しくないのです。モチベーションが上がらず、楽しくないと語る工員を見ながら、なぜこんなことになるのだろう、と考え込んでいた私の中にふと、日本に住んでいたときの近所の八百屋の親父の姿が浮かびました。

その八百屋の親父は、やたらとモチベーションが高いのです。元気がいいし、楽しそうに仕事をしている。しかも三〇年来、昇進・昇格なくずーっと八百屋の親父。では、仕事が何か特別なものだったりするのかといえば、まったくそんなことはないわけです。毎日、野菜を仕入れて売るだけ。同じことの繰り返しです。

なのに、どうしてあんなに楽しそうなのか。それは、仕事の良し悪しが目の前のお客さまの態度でわかり、その期待に応えられていることを実感できるからではないか、と私は思い当たりました。

新鮮な野菜を安く売れば、笑顔で仕入れを褒めてくれる。だから、頑張って仕入れる。そうすると、売れて儲かる。逆に、高くてまずければ、お客さまは文句を言う。二度と買ってくれない。

私は現場の仕事を、八百屋の親父の仕事にできないか、と考えました。自分の仕事の良否が「その場で」わかるようにする。安心して次の作業に移れるようにする。良い仕事は褒めてもらえる。そして自信が持てる。結果的に作業が楽しくなる。モチベーションが上がる。そんな仕事にする。

実際、自分の作業の価値や意義を解釈できる教育を、工場内で推し進めました。なぜこの工程があるのか。なぜ、そうする必要があるのか。自分がミスをすると、どんなことになるのか、後工程にどうつながるのか、教えていったのです。

そして、確実なスキルを学べる作業訓練を導入しました。さらには、やりにくい作業を排除し、自分の作業の正しさがわかるようにしました。

そうすると、大きく空気が変わりました。工員のモチベーションが変わりました。品質向上についても、生産性向上についても、結果が出るようになりました。心配なく作業ができ、なおかつ、きちんとやれば上司に褒めてもらえるのです。後工程も喜んでくれる。こうして、ダメになってしまっていた工場が、立ち直ったのでした。

このときにわかったのが、「自分の仕事に誇りが持てて、喜びを感じることができる、ということが、働くうえでいかに大事か」ということでした。それを実感できるだけで、仕事は大きく変わっていくのです。

日本はさぞや活き活きしていると思ったら……

イギリス駐在中にもう一つ、気づいたことがありました。それは、トヨタの品質というものに対する、イギリス人の期待の大きさでした。

工場の立ち上げにあたって、トヨタに中途採用でやってきてくれたマネージャーや工員たちは、いろんな自動車メーカーのバックグラウンドを持った人たちでした。私たちとしても、初めてイギリスで工場を作るわけですから、それは当然のことでした。

しかし彼らは、トヨタのことを猛烈に勉強していたのです。トヨタ生産方式とは何か。トヨタの「カイゼン」とは何か。QCサークルとは何か。それはもちろん、トヨタの車の品質の高さに強い関心を持っていたからにほかなりません。

それこそトヨタ生産方式を学んでいく中で、検査などしなくていいくらいの生産が行われているのではないか、と考えていた人もいました。実はこれは後に解説しますが、そうした言葉をトヨタの歴代経営陣が残していたからです。

ところが、実際に工場を立ち上げてみると、検査員がたくさんいる。品質管理が後でしっかり行われる。ダメ出しされたり、やり直しを命ぜられる。イメージとまるで違うじゃないか、と思ってしまったわけです。トヨタ独自の秘密がもっとあるに違いないと思っていたのに、と。しかし実際には、しっかり検査をしなければいけなかったのです。

そうした大きな期待を前にして、私たちとしては、苦しい言い訳をするしかありませんでした。マジメにこうやって生産し、検査をしているからこそ、他のメーカーよりも高い品質の車を作ることができて、品質のトヨタと呼ばれているのだ、と。

しかし、私は個人的に、これはちょっとまずいな、という思いを持つに至りました。純粋に「トヨタには高い品質の車作りの秘密があるはずだ」などと言われると、トヨタらしい品質の作り方が、もしかしたら本当にあるのではないか、とあらためて思い始めたのです。

そして私は、五年間のイギリス駐在から帰国しました。イギリスで大変な状況から立て直しを担当し、苦労しましたから、久しぶりに日本に帰ってきて、日本はさぞや活き活き仕事をしているだろう、と楽しみに帰ってきたのでした。

ところが、工場の品質管理部長として帰任した私の目に映ったのは、想像していたのとは違う光景でした。たしかに、活き活きしているようには見えた。しかし、実は活き活きは見せかけなのではないか、と私には思えたのです。

たしかにトヨタは、品質では世界に評価されていました。現場は世界一だと言われていました。そしてQCサークルがあったり、組織の活性化のためのさまざまな施策があったりした。だから、上司と部下の関係、仲間の関係など、少々嫌なことがあっても、いろんなことで支えられていたのではないかと感じたのです。

では、誰も支えてくれなくても自分で勝手に元気になっているのか、それこそ八百屋の親父になっているのかといえば、そんなふうには見えなかった。日本の工場も、八百屋の親父になっていなかったのです。イギリスの工員たちが本気で充実した顔を見せてくれていたからこそ、余計にそれを実感することになったのでした。

そして、やがてその原因がわかりました。じっくりと工場内を眺めてみると、細かいところでもめ事が起きていたのです。とりわけ検査関連において、でした。検査としても、ダメ出しは本意ではない。だから、事前に直してほしいと注文をつけたりするわけですが、これがうるさがられていたのです。

一生懸命に仕事をしているのに、嫌な思いをさせられる。検査にうるさいことを言われる。検査ではねられてしまう。検査に注意される。これでは楽しくない。そんな思いが充満していることに気がついたのです。

工場内でみんなが最も困っていることは何か

品質管理部長から、縁があって組立部という製造担当部門の部長に異動したのを機に、仕事のやり方をカイゼンしようと、私はあらためて思いました。一度、本気になって何か新しい取り組みをやってみよう、と。

そこで思い浮かんだのが、最も難しいことにトライしてみることでした。わかりやすくて簡単なものではなく、何をすればいいのかわかりにくいもの。たくさんの人がかかわっているもの。そういうものに新しい考え方で取り組んでみる。

どんなものがあるだろうかと、工場で製造担当の課長などを集めて聞いてみると、出てきたのが「水漏れ品質保証」でした。

例えば、ネジの締め忘れといった小さなミスは、自分たちでも起こりうることが予測できるし、注意もできます。しかし、水漏れだけはそうはいかない、と言うのです。

自動車は屋外で乗りますから、雨風に打たれます。このとき、雨水が車内に漏れ出したりしたら、大変なことになります。しかし、当時は水漏れが起きることがごく稀にあったのです。そのために行われていたのが、シャワーテストでした。でき上がった車に、水を激しくかける。そして、水漏れがないか見ていくのです。

検査部門は水漏れする車を見逃したりしたら大変ですから、必死でチェックします。本当に細かなところも見る。すると、鉄板と鉄板の間が微妙に合っていなかったり、溶接の際に小さな穴が開いてそこから水が入ったり、ゴムの継ぎ目から水が漏れ出したり、といった原因がごく稀に見つかったりするのです。

しかし、製造側からすれば、自分たちが一生懸命、ミスのないように取り組みを進めたのに、水漏れがあった、と検査部門から厳しく指摘されるわけですから、面白いわけがありません。しかも水漏れがやっかいなのは、それぞれのプロセスごとにチェックするのではなく、最後の検査で一度でチェックするので、どこに問題があったのか、把握するのに大変な労力が必要になるということでした。

組み立てだけではなく、塗装その他の工程も含めて、チェックしないといけない。しかも、原因究明には時間がかかりますから、すべての部門は「もしかしたら自分たちの責任ではないのでは？」と疑心暗鬼になり、嫌な思いをする。

そこで、この水漏れを一切起きないようにするにはどうすればいいか、みんなで考えてみよう、と提案したのです。それこそ、検査をしなくてもいいくらいにできないか、と。この難しい取り組みを実現させられたら、きっとみんな自信を持って、誇りを持って仕事ができるようになると思いました。

一部長の申し出です。「いったい君はなんだ」という雰囲気の上司もいなかったわけではありませんが、たまたま他の部門にも仲良しの部長が多かったこともあって、プロジェクトチームで取り組みを推し進めることができました。

元部署の品質管理部を含め、車体、塗装、組み立てなど各部門から担当者を出してもらって、私を加えて六人のメンバーで週に二回ほどミーティングをする。水漏れをゼロにするにはどうすればいいのか。水漏れを起こさないためには、何が必要なのか。そしてミーティングで決まったことを現場に展開してもらう。

ポイントは、それぞれの部門がしっかりと水漏れ対策をする、ということでした。これが、まさに「自分の工程」で「仕事を完結させる」ということだったのです。

検査をしなくてもいいくらいのレベルで、水漏れを防ぐ。そんなことができるなんて、実は、誰も思っていなかったと思います。ところが、これが本当にできてしまったのです。

水漏れにかかわる二〇〇〇以上の作業を洗い出す

トヨタが推し進めている新しい取り組み「自工程完結」について、当初、社内で話をすると、真っ先に飛んできたのが、「そんなことはできないのではないか」という声でした。でも、私が最初に「水漏れ」の取り組みを進めたときにも、できるはずがない、とみんなが思っていたのです。ところが、本当にできた。

水漏れの難しさは、それぞれのプロセスで、水漏れに対して悪いことをやっている、という自覚がないことでした。たしかに原因をチェックして、担当部門にフィードバックはするのですが、作業をしたのはもう何日も前です。そのときに、どんなことをしていたか、などということはみんな忘れてしまっているのです。

しかも、滅多にない水漏れです。一〇〇〇回に一度、水漏れにつながる何か小さなミスをしたとしても、覚えていない。一〇〇〇回のうち、どれが水漏れにつながる作業だったかなんて、本人には気づけないのです。

例えば溶接なら、一日に四〇〇台の車を作業する。一台の車に三〇カ所ほど、溶接を行う作業もあります。とても覚えてなどいられません。

もとより、悪気などありません。水漏れを出そうと思って仕事をしている工員はいない。みんな一生懸命にやっているのです。しかるべき手順で仕事をしているのです。それなのに不具合が出てしまう。

だから、面白くないわけです。それこそ、次からは気をつけろ、という指示が出されたりするわけですが、結局それは「心がけ」で終わってしまいました。だから、また起こる。抜本的な対策が、実はできていなかったのです。

では、私たちが何をしたのかというと、水漏れにかかわる可能性がある工程をすべて洗い出したのです。部門の協力のもと、それぞれの工程をすべて書き出し、羅列していきました。そして、その工程で、どうすれば絶対に水漏れしないという保証ができるか、現場に行ってヒアリングしたり、作業を見ながら確認したりしていったのです。

水漏れにかかわる作業だけで、二〇〇〇を超えるものになりました。しかし、その作業を一つひとつ精査していったのです。

どの工程でも、もちろん懸命に作っています。聞けば「ちゃんと作っています」という声が返ってくる。しかし、問題はその「ちゃんと」というのが、どういう意味なのか、ということです。

要するに、この「ちゃんと」を厳密に定義していかなければ、単なる「心がけ」にすぎない、ということなのです。科学的な裏付けに基づいた取り組みにはならない。抜本的な解決にはつながっていかないということなのです。

何をもってすれば「ちゃんと」やったことになるのか。水漏れにつながらない作業になるのか。どこまで細かくやるべきなのか。それをあらためてきちんと定義していくと、「こんなことはやっぱりできない」という声が出てきました。

しかし聞いてみると、「こんなことはやっぱりできない」理由がちゃんとありました。設備がやりにくい、設計構造上これは難しい、道具がない……。そこで、こうした声をもとに作業を改善していきました。一つの「工程」で「完結」するために何が必要なのか、一つひとつ洗い出していったのです。

思わぬ御利益で他の部門にもメリットが

多くの部長、部門に協力してもらっていた取り組みでしたが、当初は一部長が采配をふるっていたプロジェクトにすぎませんでした。ところが、真剣に取り組んでいる姿から、活動報告をすると、工場長がいたく興味を示してくれました。それはいいことだ、ぜひやろう、と。小さなプロジェクトが、〝国家プロジェクト〟とも言えるような、工場全体を巻き込むものになっていきました。

しかも、取り組みを進めていくうちに、興味深いことが起きました。例えば、鉄板を溶接するプロセスがありました。多くの人は、溶接と言うと火花が散るシーンをイメージされますが、あれは溶けた鉄が飛散しているのです。だから火花は飛ばさないほうがいいのです。

溶けた鉄はピンホールという穴を作ったりします。そこから水漏れがする危険があるのです。そこで、ピンホールを防ぐために、スパッタと呼ばれる火花を飛ばさない、という取り組みを車体部で行いました。

どうすればスパッタを飛ばさずに済むか。溶接部分に対して直角に溶接ロボットを当てる。また、溶接機械のチップの、先端部分の摩耗状態にも課題がありました。まったく摩耗していない状態では、どうしてもスパッタが出てしまう。ちょっと太くなったくらいがちょうどいいのです。そこで、溶接するたびにちょうどいい状態に先端を削れる設備を作りました。

こうしてスパッタが飛ばなくなったら、意外なことが起きました。そもそもスパッタは邪魔者だったのです。設備は汚す、車にくっつくと塗装不良につながる、電気代は高くなる、掃除は大変……。

水漏れ対策でスパッタを見直したことで、ほかの面でも大きな御利益が出てきました。しかも、後工程の塗装にもプラス効果をもたらし、大変喜ばれたのです。

最初の一年は、なかなか取り組みが進みませんでした。現場では、本気でやってくれなかった。ところが二年目に入り、声が上がったことがカイゼンされていったり、水漏れゼロにはなっていないけれど思わぬ御利益があったことで、現場の空気が大きく変わっていきました。

これが多くの部門に広がっていき、二年ほど経った頃には、水漏れが一気に減っていきました。不思議なもので、努力と効果は必ずしも比例するとは限りません。しかし、ある程度の努力が積み重なると、一気に効果が出てきたりするのです。そしてとうとう、水漏れゼロを達成することができたのでした。

それぞれの部門でも、大いにモチベーションが高まったのは、言うまでもありません。最もやっかいだった難しい水漏れ、しかも、誰もができないだろうと思っていた水漏れゼロが、実現できてしまったのです。

カイゼンされたものは標準化し、現場で定着させる取り組みを新たに進めました。そうすることによって、それぞれの工程で不良を出さないようにする。言葉を換えれば、自分たちの工程で完結させるということができるようになりました。これこそまさに、「自工程完結」にほかなりません。

そして一度、この体験をすると、工場内は自発的に動き出すようになりました。なぜなら、自分たちがやっていることに自信が持てるからです。誇りが持てる。これさえやっていれば結果が出る、ということが自分たちに見える。実際、次は何をやろうか、自分たちの部門ではどんな取り組みを進めようか、競争のようになっていきました。

何かをやれば成果が得られる、というやり方がいかに重要か、私はあらためて思いました。それまでは一生懸命やっても、検査ではじかれたりして、自分たちがやっている仕事にどこか信用できないところがあった。問題点がわかって表面的、部分的な取り組みを進めても、それがなかなか解決できなかった。ところが、「自工程完結」によって、間違いなく一つ、すがりつく手段が共有されたのです。

日本に戻ってきて、「活き活きしていないなぁ」と思っていた工場の雰囲気は、格段に変わりました。しかも、部門間の壁もなくなった。「そっちのせいで、こっちが迷惑をこうむっているんだ」という空気がなくなりました。

水漏れ対策という、すべての部門にかかわる取り組みを進めたことで、「何がいちばん大事なことなのか」ということが共有できたからです。それは各部門がエゴを貫き通すことではありませんでした。みんなで良い車を作るということです。風通しも本当に良くなりました。

そして大きなポイントは、他の部門のことも考えて仕事をしていくようになったということです。後工程が何を望み、そのために自分たちは何をやればいいのか、みんなが考えるようになった。

プロセスを徹底的に分解したことで、言葉としてだけではなく、実態として後工程が何をしているのかがわかった、ということが大きかったのだと思います。だから、後工程が求める仕事ができるようになった。後工程を意識した取り組みができるようになった。

「自工程完結」は言葉だけで終わらない取り組みです。これまでは、「もうやっているよ」という話になってしまっていました。やっていない人も、「やっているよ」と言えばそれで済んでしまっていました。ところが、「自工程完結」では「心がけ」ではなく、すべての工程を洗い出して、見直して精査し、きちんと「何をすればいいのか」という行動まで落とし込まなければいけないのです。

だから、これをやれば確実に結果が出せる、と信じることができます。頑張りは成果につながり、安心して仕事ができます。こうなれば、モチベーションも上がる。生産性ばかりでなく、やる気もアップするのです。

そしてこれが、単なる一工程だけの取り組みだったら、こうはいかなかったと思いました。水漏れというテーマで、全工程を貫くことができたのが大きかった。全体を貫いた仕事がイメージできるということもまた、「自工程完結」の重要なコンセプトになりました。

最も難しい取り組みを進めたこともよかったのだと思いました。これで、言い訳はできなくなります。何か簡単なものであれば、「あれは簡単だから」ということになりますから。いちばん難しいことにトライしてよかったと思います。

他の工場が競って工程内不良をなくす活動に取り組む

トヨタでは、国内の全工場参加による生産部門の会議が毎月行われています。生産部門の担当副社長が議長になり、前月の生産性や品質不具合、人事の問題などを工場から人が集まって討議します。

この会議の重要なイベントに、それぞれの工場が取り組んだ品質改善や生産性向上の事例発表がありました。私は工場で取り組んだ水漏れゼロというチャレンジを、ここで発表することにしました。

水漏れゼロと聞いて、「何か新兵器でも作ったんじゃないか」「シャワーテストの代わりに超音波でも導入したのでは」という想像があったようです。しかし、そんなものはありませんでした。

工場のみんなが愚直に、二〇〇〇以上の水漏れに関係する作業を見直し、一つの同じ方向に向かって取り組みを進めた、という話は驚きを持って迎えられました。そして、高い評価を得ました。

国内の工場には、それなりの競争意識があります。私たちの成功事例を見て、自分たちもやろう、と競うように「自工程完結」の取り組みが広がっていったのです。

何より、生産性が上がる。結果が出る。仕事がラクになる。モチベーションが上がるのが「自工程完結」です。その後の生産部門の会議では、「この工程は、工程内不良がゼロになりました」という発表をするのが、流行のようになっていきました。

そして一九九九年、当時の張社長が、各工場の部長級を集めて懇談会を開催しました。このとき、取り組みを進めた「自工程完結」について説明しました。そして、水漏れ対策以外にも、各部門で工程内不良ゼロを目指して、いろいろな取り組みが進んだことが発表されました。

それを聞いていた張社長が、こう言ったのです。

「それはいいね。とてもいい考えだから、現場だけでなく、スタッフ部門でもできるんじゃないだろうか」

ホワイトカラーの生産性向上について、社長として大きな問題意識があったのだと思います。私は、できると思います、と伝えました。

「どうすればできるか、考えておいてほしい」

そう言われて、その場は終わりました。二〇〇一年、私は役員になり、実務的な仕事を離れ、別工場の工場長にもなって忙しい日々を送ることになりました。スタッフ部門に、トヨタの新しい取り組みをどう取り入れていくのか。その課題になかなか手をつけられないまま、私はヨーロッパに赴任することになったのでした。

二〇〇七年一月、会社方針でスタッフ部門への導入を決定

ベルギーにあるトヨタのヨーロッパ現地法人に赴任したのは、二〇〇四年からの二年間のことです。いろんな仕事をする中で、私が最も驚いたのは、ヨーロッパ現地法人のスタッフ部門の仕事のやり方が、日本とはずいぶん違っていたことでした。

日本国内では、役員になって特に顕著になりましたが、根回しも必要だし、やり直しも多いし、とにかく何かが上がってくるにも時間がかかっていました。部門のトップが決めても、それをまた下までおろして、下が整理して検討して、実はこっちのほうがいいのではないか、などとやる。

ボトムアップのような顔をして、実際には部門トップの決断にいちゃもんばかりつけているのではないか、と思うこともありました。要するに、存在感を示さないと自分たちの存在意義が失われる、とでも思っているのではないかと感じた

こともありました。しかし、こんなことをやっていると、意思決定が遅くなるのです。

実際、ヨーロッパではスパッと決断できることが、本社に行って話を投げたとたん、何カ月も返事が戻ってこなかったりする。これはいったい何だと、問題意識を持たざるをえませんでした。

ヨーロッパでは、自動車業界に大きな変化が訪れていました。海外から優秀なデザイナーを抜擢し、ドラスティックにモデルを変えたアジアのメーカーが、大きく躍進していたのです。今、何が求められているのか、素早く変化に対応し、マーケットの支持を得ていた。

ところが、トヨタはなかなか変われませんでした。結果的に、シェアを奪われる事態になりました。後にシェアは奪い返しますが、それは変化に対応できたからではありません。後に詳しく書きますが、自動車メーカーとしての総合的な底力が強かったというだけでした。

それで日本に戻ってきたとき、これはスタッフの仕事を本格的に見直さないといけないと思ったのです。そうでなければ、国際競争には勝てなくなる。

実際、日本に帰ってきて、忸怩たる思いでした。ヨーロッパのスタッフ部門の仕事とは、まるで違うのです。何かを求めても、根回しから始まる。権限委譲がほとんど進んでいない。いつもリーダーや上司にお伺いを立てて、手直し、やり直しばかりやっている。また、対策会議も多い。とりあえず集まるという調整会議も多かった。非常に効率が悪いわけです。

企画部門は、会議をやるのが仕事みたいに思っているのではないか、と感じました。しかも、一〇〇万回に一回しか起きないのではないかと思える特殊事例を議題に、これでいいじゃないか、これではいかん、なんてことをやっている。何のために仕事をしているのか、ということが忘れられているのではないかと思いました。

そこで、私は提案したのです。こんなことをしていたら、会社は持たなくなります、と。折しもトヨタが、リコール問題で騒がれた時期でもありました。経営陣の危機感も強かった。

そして二〇〇七年一月、スタッフ部門の仕事を、工場で大きな成果を次々に上げていた「自工程完結」で変えていこう、ということが決まりました。

一部長の草の根運動は、全工場を巻き込む運動になり、それはとうとうスタッフ部門を含めたトヨタ全社に広がる、文字どおりの〝国家プロジェクト〟になったのでした。

生産性が上がり、モチベーションも上がる。何より、一生懸命に頑張れば、きちんと成果が出る。そんな仕事の進め方をトヨタ全体に広めたい。「自工程完結」というトヨタの新しい考え方をもとにした取り組みは、こうして始まったのでした。

第2章

「自工程完結」にすると、どうして成果が出せるのか

スタッフの仕事にも、実は「工程」がしっかりあった

トヨタが進めている新しい取り組みを端的に表現するなら、仕事の質を高め、失敗をなくす仕事の進め方です。生産性とモチベーションを同時に高められる仕事の進め方、と言い換えてもいいかもしれません。

トヨタでは、リーダーになる人、リーダーを目指す人には、全員に持っておいてほしいと考えています。もとよりトヨタは、全員にリーダーになってほしいと考えている会社。冒頭で紹介したように、それが会社としての大きな力を生み出すからです。

もちろん誰でも仕事をする人は、仕事の質を高めたい、生産性を高めたい、部下や仲間のモチベーションを高めたい、といった意識を持っているのではないかと思います。

ところが、それができているのかといえば、必ずしもそうではない。何度も書

いていますが、「心がけ」だけあってもうまくはいかないのです。意識さえしていればうまくいくのであれば、誰も苦労はしません。そうでないから、みんなが困っている。

では、どこに問題があるのかというと、仕事の進め方そのものなのです。「このとおりにやれば、必ずうまくいく」という「やり方」が、確立されていないからこそ、そういうことが起こるのです。

誰でも、結果が出ない仕事や、ミスをすることを目指して仕事をしているわけではありません。なのにそうなってしまったら、一生懸命頑張っているのにどうして結果が出せないのか、ということになるのは当然です。

いや、それは工場のような必ず決まった仕事だから、できる考え方ではないか、と思われるかもしれませんが、私は違うと思っています。すべての仕事に、必ずうまくいく仕事の進め方＝「工程」はあるのです。それを、しっかり洗い出しているか、そうでなくて、ぼんやりとした中で仕事をしているかの違いだと思うのです。

では、スタッフ部門の仕事の「工程」とは何か。それは、「意思決定」でしょう。資料作りであれ、企画であれ、営業であれ、何かのアウトプットを出していく途中には、いくつもの「意思決定」が存在しています。「意思決定」が積み重なって、最終的なアウトプットは出てきているはずなのです。

例えば、会議で使用する資料を作る。スライドにするのか、ペーパーにするのか。どんなソフトウエアを使って作るのか。どんなデザインを選ぶのか。どんな書体にするのか。何枚にするのか。データはどこから持ってくるのか。表にするのか、グラフにするのか。いくつ入れるのか……。すべては、資料を作る人の「意思決定」で進んでいくのです。

この「意思決定」の一つひとつこそ、現場で言うところの「工程」です。この「工程」＝「意思決定」を正しくないやり方でしてしまえば、結果を間違ってしまうことになります。

では、正しい「意思決定」をするためには何が必要なのか。最終的に正しいアウトプットを出すためには、何が必要になるのか。スタッフ部門の仕事における「自工程完結」のポイントを紹介しましょう。

［ポイント1］

「目的・ゴール」をはっきりさせる

トヨタが新しい取り組みで目指しているのは、ただ効率が上がればいい、というものではありません。同時に「八百屋の親父」になってほしい。つまりは、この仕事をやったら、毎日活き活きと楽しい、という仕事です。そのために必要なこと、その一つが仕事の「目的・ゴール」をはっきりさせることです。

イギリスの工場で、工員のモチベーションを大きく高めた取り組みがありました。それこそが、「目的・ゴール」をはっきりさせることでした。

例えば、ネジを締める。ただネジを締める仕事を延々とやり続けるのか。それとも、このネジを締めることによって、この部品とこの部品がちゃんと結合されて車の耐久寿命が長くなる、だからとても大事なネジなのだ、ということがわかってネジを締めるのか。さて、どちらが、ネジを締める仕事に意欲を持てるでしょうか。

それこそ家に帰って、子どもに聞かれたとする。

「お父さんは、どんな仕事をしているの？」

このときに、

「ネジを締めるんだよ。車一台につき一〇本を締める。今日は二〇〇台、工場で作ったから、二〇〇〇本のネジを締めてきた」

と語るのか、

「車のブレーキに部品を取り付けるネジを締めているんだ。決められた力でしっかり締めると、お父さんが作った車のブレーキは、何十年も壊れないで済むんだよ」

と語れるのか。イギリスでは、この取り組みが大きな効果をもたらしました。

スタッフ部門なら、わかりやすいのは、資料を作る仕事でしょう。では、その資料はいったい何のために作られるのか。何が「目的・ゴール」なのか。それをわかって資料を作るのと、わからずに資料を作るのとでは、結果は違ってくる。これは、ご想像いただけると思います。

ところが、多くのケースで、これができていない。はたして上司は、きちんと「目的・ゴール」を部下に伝えているでしょうか。部下は「目的・ゴール」を理解して、仕事をしているでしょうか。

そして「目的・ゴール」を認識していると、「部分最適」を避けることができるようになります。仕事の目的は、お客さまにご満足いただくこと。部門が満足することではけっしてない、ということがわかるからです。

特に大きな会社では、この大前提がともすれば忘れられてしまうことがある。部門の都合で、行動してしまうことがある。「タコツボ」状態で、周りが見えなくなることが起こりうる。

だから、「目的・ゴール」をきちんと設定し、常に意識しておくことが重要になるのです。

それこそ、「目的・ゴール」のない仕事はしてはいけない。それは何ももたらさない可能性が高いからです。そんな仕事では、やっている人はモチベーションが高まるはずはありません。そして、「目的・ゴール」のない無駄な仕事を排除することで、生産性は大きく高まるのです。

［ポイント2］

「最終的なアウトプットイメージ」を明確に描く

この仕事は何のためにやるのか、という「目的・ゴール」を理解できたら、次は「最終的なアウトプットイメージ」を描くこと。そして、上司や他部署などの仕事の依頼者と共有することです。

仕事を委ねられ、やってみたら、上司から「こんな仕事をお願いしたわけではない」と言われてしまった。一生懸命にやったのに、けんもほろろで突き返されてしまった。こういうことが、起きていないでしょうか。

これは、「最終的なアウトプットイメージ」が共有されていないことが原因です。上司も伝えていなかったし、部下も聞いていなかった。しかし、それによってやり直しというロスが発生してしまう。大きく生産性を下げてしまいますし、上司も部下もがっかりということになります。

「最終的なアウトプットイメージ」の難しさは、共有できているだろうと勝手に思い込んでしまうことが、往々にしてあることです。ところが実際には、異なる「最終的なアウトプットイメージ」を持ってしまっていたりする。

例えば上司から「ある車の過去五年間の販売台数推移を知りたいので、グラフにしてほしい」と依頼されたとします。部下は早速作業に着手して、すぐに五年間の年間販売台数の変化がわかるグラフを作成しました。

ところが、「これじゃあ、役に立たないよ。月別に見て販売台数がどう変化しているかが知りたかったんだ」と上司。部下は内心「最初からそう言ってくれよ」となるわけです。

部下にしてみれば、すぐに依頼に対応している。喜んでもらえるとは思っても、怒られる筋合いはないと思っている。年別のグラフを作成するほうが、もちろん作業はラクなので、上司に確認もせず仕事を進めたのです。「最終的なアウトプットイメージ」がずれていたから、こういうことが起きたのです。

上司にすれば、「そのくらい当然わかるだろう」と思っている。しかし、そうではないのです。だから、きちんと「最終的なアウトプットイメージ」を部下に伝えないといけない。正しく共有できていることを確認しないといけない。実際には、五分、一〇分、手間をかければできる話です。

それこそ昔ながらの「一を聞いて一〇を知る優秀な部下」を上司は期待しているのかもしれませんし、自分もそうやってきた、と思っている上司も多い。もっと言えば、間違ったことをして学びを得るということが、部下にとっての教育になると思い違いをしている上司もたくさんいる。

しかし、こんなことをしているから、生産性が高まらないのです。最初から「最終的なアウトプットイメージ」が正しく共有されていれば、防げる話です。そして部下はせっかくやったのに怒られ、うまくいかなかった理不尽さに、やる気をなくしていくのです。

「最終的なアウトプットイメージ」を共有するときのやり方は、大きく四つあると思っています。

- 口頭
- 文字

・図表・写真
・実物

口頭で伝えるよりも文字や図表、写真などで伝えたほうが、イメージが伝わりやすいことは多々あります。資料作りなどは、その典型でしょう。仕事を指示する上司やリーダーは、その手間を惜しんではいけません。また、もし、「最終的なアウトプットイメージ」を正しく認識できる実物のようなものがあるのであれば、それを見せるのがいちばん早いでしょう。

しかし、「最終的なアウトプットイメージ」はいつもはっきりしている、というわけではありません。時には、「最終的なアウトプットイメージ」がぼんやりしていることもある。ところが、会社というところは、そのままそれをはっきりさせることなく、「とりあえずやってみよう」となることが少なくないのです。

多くのケースで、これではうまくいかない。「最終的なアウトプットイメージ」が理解できていないということは、それを実現するための段取りも考えられないということだからです。したがって時間配分もできない。

仕事の最終的なアウトプットイメージを明確にする

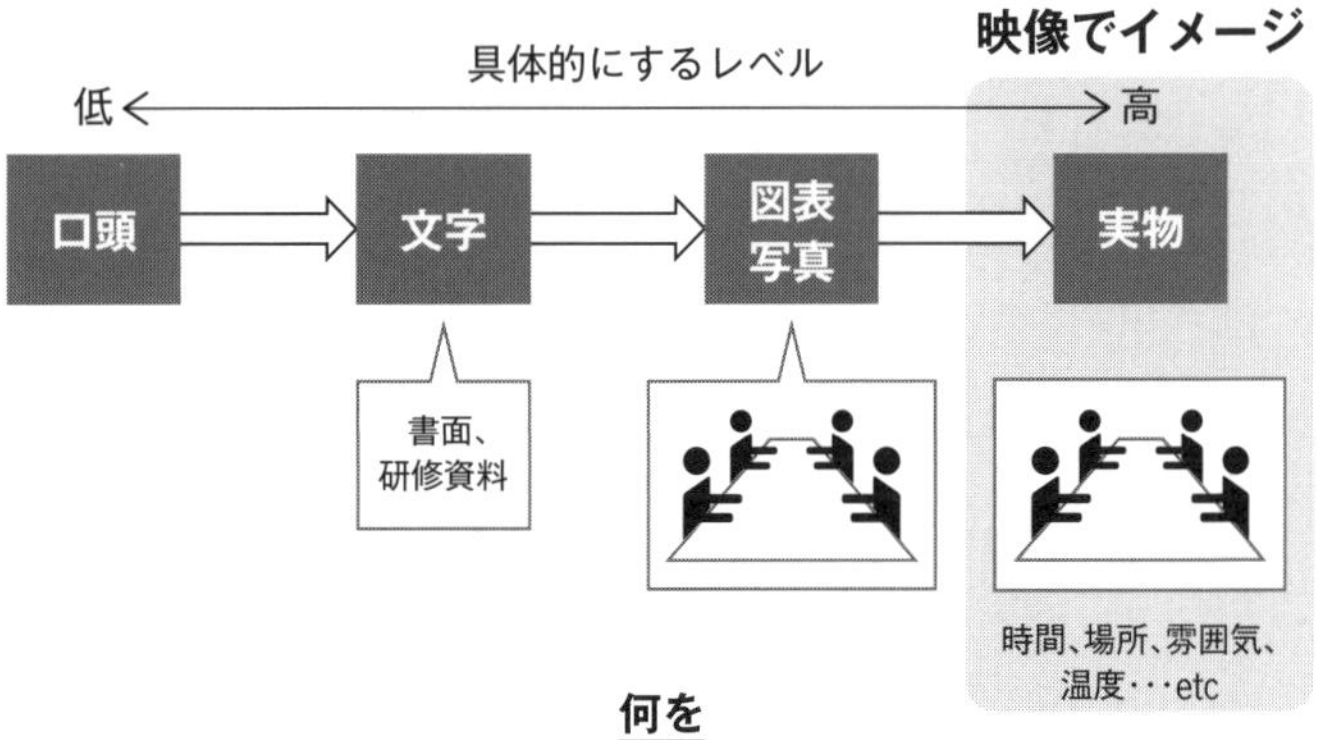

何を
どのようなアウトプット（モノ・サービス）を提供するのか？
できるだけ具体的にイメージできるようにする

そして、すぐにアウトプットの作成にとりかかってしまうケースでは、「目的・ゴール」も聞かずにやっていることが少なくありません。目的やゴールを理解せずに、どうして正しい仕事ができるでしょうか。

「最終的なアウトプットイメージ」は、鮮明とはいかなくても、できるだけ明確にする努力をしないといけません。「とりあえずやってみよう」の見切り発車は、やり直しや作り直しを生み、きわめて効率の悪い仕事になる危険性があります。

そして「最終的なアウトプットイメージ」が理解できたら、次にやるべきは、すぐに行動に移ることではありません。「プロセス／手順」を考えることです。これが、次のポイントになります。

［ポイント3］
「プロセス／手順」をしっかりと考え、書き出す

先にも言いましたが、仕事は意思決定の連鎖です。いつどこで、どんな材料を使って、どのように意思決定をするのか。それが、まさに「プロセス／手順」で

す。あらゆる仕事は、この「プロセス／手順」によって構成されているはずなのです。

ところが、仕事をするときに、「プロセス／手順」は意外に意識されていない。もちろん、ぼんやりとあるのかもしれませんが、仕事の分解の仕方はきわめてぼんやりとしているケースのほうが多い。

人間の頭というのは、本当に不思議なもので、しっかりと「プロセス／手順」を考えていないし、順番はバラバラなのに、それなりの結果が出てしまうことがあります。ぼんやりとしたやり方でも、それなりに仕事はできてしまうのです。しかし、それでは、いつまで経っても勘で仕事をしているようなものです。

必要なことは、本当は自分がどんなふうに考えて仕事をしているのか、ロジカルに分解していくことです。そうすることで、「プロセス／手順」がしっかり構築できるようになる。それぞれの「プロセス／手順」で精度を上げることで、結果につなげていくことができる。また、ほかの人や新しくやってきた人にも委ねることができる。

「講演会を準備する」という仕事の「プロセス／手順」を例に取り、図を使って考えてみましょう。「プロセス／手順」は、大きく五つの作業で作り上げていきます。

第一段階では、作業①〜④で、仕事の大まかな手順を明確にします。

最初は、ざっくりとでいいので、作業①で大まかにやることを洗い出していきます。このとき、抜け・漏れのないように注意します。講演会の場合は、「企画をする」「告知をする」「申し込みをする」「参加者数を集約する」「バスを配車する」という五つが、「やること」として想定できそうです。こうした大まかな手順を抜け・漏れなく洗い出すためには、過去に同様の講演会が開かれていないかを調べ、そのときに作成した書類や情報がないか、確認し、整理整頓するところから始めることが有効です。

次に、作業②で関係者を明確にします。図の例では、自分以外に関係者は二人だけですが、仕事のプロセスには、普通ほかの人やほかの部署が多く介在してきて複雑になります。前の作業で洗い出した「やること」が誰にかかわっているのかを明確にしないと、思わぬ手戻りの原因になるばかりか、正しい意思決定がで

仕事の手順を明確にするための5つの作業

1）仕事の大まかな手順を明確にする

（例：講演会の準備）

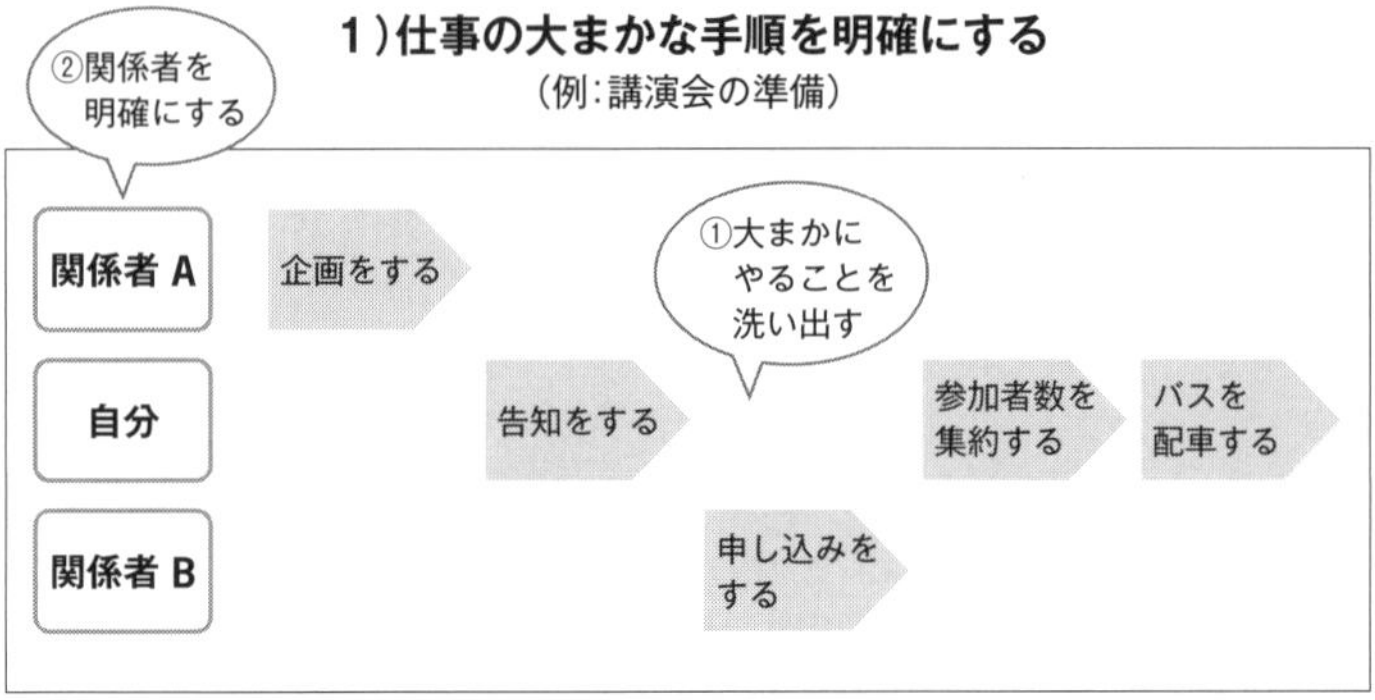

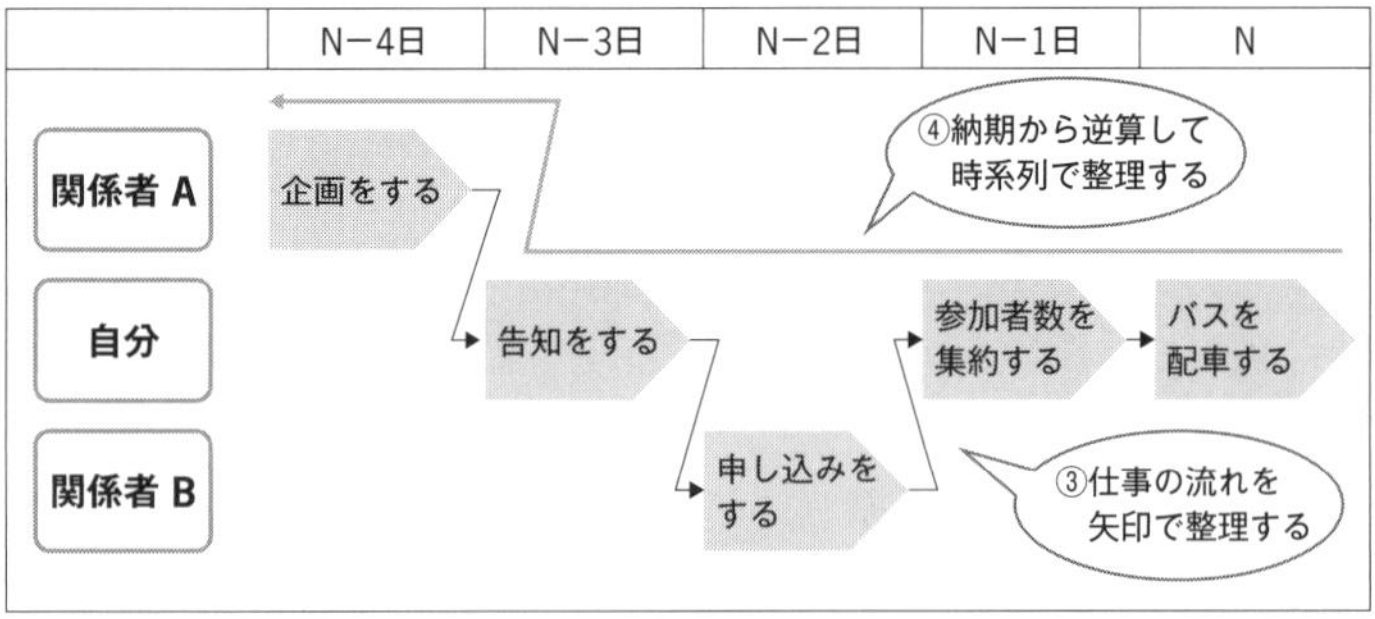

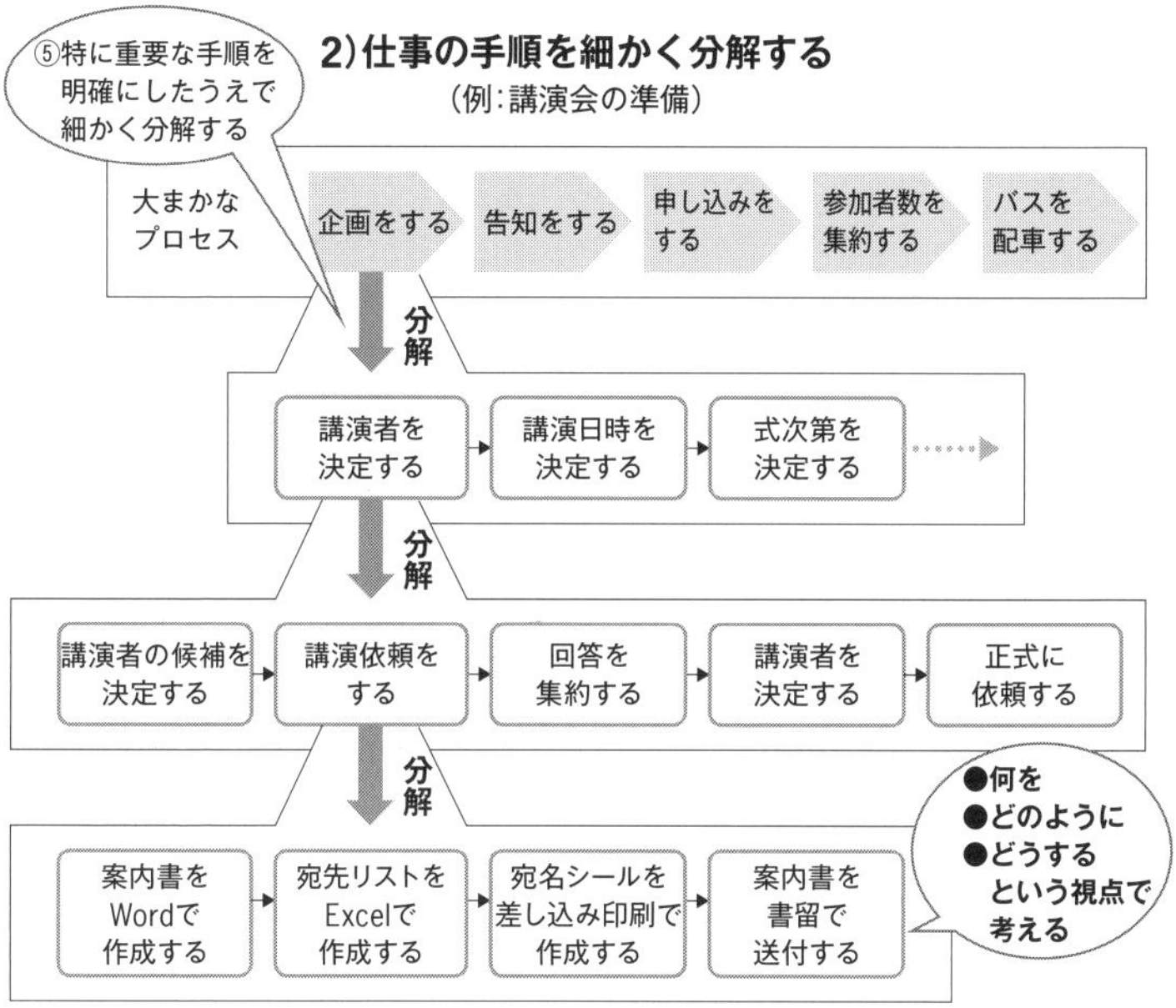
⑤特に重要な手順を明確にしたうえで細かく分解する
2)仕事の手順を細かく分解する
(例:講演会の準備)
大まかなプロセス
企画をする
告知をする
申し込みをする
参加者数を集約する
バスを配車する
分解
講演者を決定する
講演日時を決定する
式次第を決定する
分解
講演者の候補を決定する
講演依頼をする
回答を集約する
講演者を決定する
正式に依頼する
分解
案内書をWordで作成する
宛先リストをExcelで作成する
宛名シールを差し込み印刷で作成する
案内書を書留で送付する
●何を
●どのように
●どうする
という視点で考える

きず、失敗に直結します。

作業③では、仕事の流れを矢印で整理します。関連する部署や人との情報のつながりを明確にしたうえで、矢印をつないでいきます。

作業④では、納期から逆算して、時系列で整理をします。それぞれの仕事の実施のタイミングや情報授受の内容について、作業②の関係者とこの段階でしっかりと合意しておくことが重要です。図のように「やること」をさかのぼっていくことで、必要な準備期間が明らかになります。後工程（ここでは関係者Bです）が必要とする情報やタイミングも考慮することを忘れないようにしましょう。

作業①～④を通じて、全体を見渡したり、やることを洗い出したり、どの順番でやるべきかを考えたりせずに、いきなり「とりあえず」やってしまうというのが、最も失敗を呼び込みやすい仕事のやり方です。

以上の大まかな手順を踏まえて、第二段階で細かく手順を考えます。作業⑤で特に重要な手順を明確にしたうえで、細かく分解していきます。

図の「企画をする」という大まかなプロセスの一部分は、「講演者を決定する」

「講演日時を決定する」「式次第を決定する」などに分解され、その中の「講演者を決定する」は、「講演者の候補を決定する」「講演依頼をする」「回答を集約する」「講演者を決定する」「正式に依頼する」に分解され、さらに「案内書をＷｏｒｄで作成する」「宛先リストをＥｘｃｅｌで作成する」「宛名シールを差し込み印刷で作成する」「案内書を書留で送付する」に分解されます。

ここまで分解すると、自分が具体的に何をすればいいかわかるレベルになっていると言えます。「何を」「どのように」「どうする」という視点で考えることが必要です。「自工程完結」では、自分自身が理解できるレベルではなく、担当がほかの人に替わっても同じことができるレベルの分解を求めています。

「プロセス／手順」を考えていくことは、意思決定のプロセスを明文化していくことです。業務をプロセスにブレークダウンして、誰が見ても、こういう手順で、こういう情報を集めて、こうやって書類を出せばいい、というレベルにまで落とし込んでいくことです。

マニュアルや手順書がある会社も少なくありませんが、あるのにまったく使えない。そんなマニュアルがないでしょうか。マニュアルは本来、人が作業を素早くこなすために作られたものですから、使えないマニュアルというのは、まったく意味のないものということになります。それは担当者の知識の範囲だけで、「プロセス／手順」を考えているからです。

また、妙に忙しい、時間がないという人は、「プロセス／手順」が正しくないからそうなるのかもしれません。だから、失敗ばかりしてしまう。どんなプロセスで仕事をするのが正しいのか、きちんと洗い出し、書き上げられていれば、防げたかもしれないミスはたくさんあると思うのです。「プロセス／手順」をしっかり洗い出しておけば、いつでも自信を持って仕事をすることができます。それが「自工程完結」の重要なポイントです。

［ポイント4］
次の「プロセス／手順」に進んでよいかを判断する基準を決める

仕事のアウトプットが正しいものになるかどうかを大きく左右するもの。それは、「プロセス／手順」の一つひとつが、確実に正しく実行されていくかどうかです。

先に紹介した、水漏れゼロが実現できたのは、まさにそれぞれの工程が正しく実行されたからにほかなりません。

これはスタッフ部門の仕事でも同じです。洗い出した「プロセス／手順」でどれだけ精度の高い意思決定ができるか、が問われてくるのです。

意思決定を行うための情報の優先順位、次の、「プロセス／手順」に進んでよいかがわかる「判断基準」を決めることが求められてきます。これは業務によって、大きく異なります。

例えば、新車販売台数予測にしても、予測をするために必要なデータは山のようにあります。その中で、どこに重きを置くのか。マクロ情報に重きを置くのか、景気に重きを置くのか、それともトレンドに重きを置くのか。

「判断基準」の例としてわかりやすいのは、パスポートの申請用写真ではないでしょうか。外務省のウェブサイトを見れば、詳細な「判断基準」が書かれています。「申請者本人のみを撮影したもの」「正面、無帽、無背景」「縦四五ミリメートル×横三五ミリメートル（ふちなし）」「カラーでも白黒でも可」「鮮明であること（焦点が合っていること）」……かなりの項目になりますが、読む人によって理解の仕方が異なることがない、明快な「判断基準」となっています。

工場の生産現場できわめてシビアで細かな作業の積み重ねを見てきた技術屋の目から見ると、スタッフ部門は仕事の進め方がどうにも大ざっぱ、というのが正直な印象でした。そしてそれは、しっかりとした「判断基準」が作られていないからではないか、と私は感じていました。

例えば、何かの結論を出して、上司に「こんなのは、デタラメを言っているんだろう」と問い詰められたとき、厳密性で対抗できるだけの「判断基準」を作っているかどうか。

また、情報材料ばかり集めて、「判断基準」が決められない、というケースもよく目にしました。とにかく準備ばかりに時間がかかる。結局、「これだけ長くみんなの意見を聞いて検討したんだから、正しいだろう」といった、「判断基準」もはっきりしない中で意思決定が行われたりする。

実際、上司がなかなか意思決定できないケースがよくあります。部下からの報告を聞いていると心配になり、ますます情報が欲しくなってくる。あれも欲しい、これも欲しいとなる。判断するためにはさほど重要でないことまで、果てしなく聞きたくなってしまう。

これもまた時間がかかり、スピードを大きく阻害する原因になります。部下は本来、調べなくてもいいようなことまで調べさせられて、生産性を大きく損なったりする。結果的にその情報は使われず、モチベーションも下がっていく。

そもそも、意思決定の目的は「お客さまのため」です。それがどこかに飛んでいって、自分の興味のあるもの、組織にとって関心のあるものが気になりだすのです。上司のため、会社のため、などという考えが強くなっていくと、おかしなことが起きる。

本来は、そんなことは放っておいていい、ということまで気になり、中途半端な仕事になってしまう。

上司が腹を決めて決断するためにも、「判断基準」は必要なのです。そして、これがはっきりしていれば、多くの人に判断ができるようになります。上司は部下に権限を委譲して、自分は別の新たな仕事に挑めるようになるのです。

［ポイント5］

正しい結果を導き出すために「必要なもの」を抜け・漏れなく出す

ベテランが仕事をするときには、精度の高い意思決定をするための材料はたくさん、広範囲にわたって出すことができます。それまでの経験があるからです。ところが、まだ経験が浅いと、たくさんの材料を出すことができません。結果的に、結論を間違えてしまうようなことになりかねないのです。

工場では、正しい結果を導き出すために必要なものを「良品条件」と呼んでいます。スタッフ部門なら、情報、指定の機器やソフトウエアなどの道具、人の能力、理由／注意点といったものになるでしょう。

そしてこれらは、プロセスごとに求められます。したがって、「プロセス／手順」ごとに、正しい結果を導き出すために「必要なもの」を抜け・漏れなく、ピックアップしていく必要がある、ということになります。

例えば、会議の準備という仕事を考えて、これに関する「必要なもの」は、どんなことが考えられるでしょうか。

「○○を決める」会議に必要なもの

- 会議で使う説明資料
- 会議室、プロジェクターなど
- 主催部署として必要な知識
- 会議の具体的な進め方
- 会議を進めていくうえでの注意点……

一般的には、このようなことが必要になってくるでしょう。これらすべてをしっかり準備することで、会議は成功に近づくのです。

［ポイント6］
仕事を振り返り、得られた知見を伝承する

まずは「目的・ゴール」「最終的なアウトプットイメージ」をはっきりさせた

後、「プロセス／手順」を洗い出し、そのプロセスごとに「判断基準」と「必要なもの」を明確にする。そして、各プロセスで「これで良し」と自信を持って仕事を進め、アウトプットにつなげていく。これが、トヨタの新しい仕事の進め方です。

そして最後にもう一つ加わるのが、仕事の結果が良かったか、良くなかったかを振り返り、良くなかった場合には、どこに問題があったのかを確認し、修正していくことです。

また、結果だけでなく、「目的・ゴール」「最終的なアウトプットイメージ」が良かったか、「プロセス／手順」や「判断基準」「必要なもの」に抜け・漏れや間違いがなかったかを振り返ることも重要です。

結果には必ず原因があります。良い結果が出なかったとすれば、間違いなく、どこかの進め方に問題があったのです。それを放置したままにすれば、また同じ結果になってしまいます。これでは、生産性も上がりませんし、頑張っているのに結果が出ず、モチベーションも上がっていきません。

そのためにも、大事なことがあります。それは、「プロセス／手順」「判断基準」「必要なもの」のどこに問題があったかを振り返り、改善策を書き残しておく、ということです。

例えば、毎週、毎月、毎期、毎年といった定例的な仕事をしていくとき、いったいどのようにして仕事を進めていったのか。作業の①~⑤を書き記したものがあれば、次に同じ仕事をするときに活用することができます。

そうすれば仕事をするたびに、最初から進め方に悩むことなく、仕事に取りかかることができる。スピードが速まることは言うまでもありません。そして、次にも使うからこそ、振り返り、書き残したものをアップデートしていくのです。

単純に「マニュアル」と呼んでもいいかもしれません。しかし、従来多くの会社にあるような簡単なマニュアルではありません。そこにはプロセスや手順は書かれているかもしれませんが、「判断基準」「必要なもの」は書かれていなかった。それでは、すぐに使えるものにはなりません。もっと詳細なマニュアルが必要なのです。

これがあれば、例えば担当者が替わったときにも、同じ仕事をすぐに新しい担当者に引き継いでいくことができます。先にも書きましたが、とりわけスタッフ部門で生産性を阻害している理由の一つには、知見がまったく伝承されていないことが挙げられるのです。

異動などで新しい担当者に替わったら、またゼロから仕事を始めなければいけない。もし、そこに「プロセス／手順」も「判断基準」「必要なもの」もしっかり書かれたマニュアルがあったとしたら、どうでしょうか。それは大いに活きてくるものになるはずです。

定例的な仕事以外のときも、五つの作業を意識し、できれば書き残しておく。もしかすると、まったく同じでなくても、似たような仕事が来るかもしれません。そのときに活きてきます。また、同じような仕事をする同僚に使ってもらえるかもしれません。「振り返り」を次に活かしていくためにも、書き残しておくことは有効になるのです。

作業①～⑤はすなわち、一つひとつの仕事の「工程」をしっかりと洗い出し、その精度を上げて「完結」させていくためのポイントです。正しい仕事によって「工程」を積み重ねることで、正しい結果が出る。そのための取り組みなのです。

トヨタの新しい考え方が仕事にもたらすメリット

では、一連の新しい考え方によって仕事に取り組めば、仕事はどんなふうに変わっていくのか。どんなメリットが得られるのか。この考え方がもたらすメリットを挙げておきたいと思います。

［メリット1］部分最適がなくなる

組織というのは、どうしても内向き、内向きになっていってしまうものです。いつしか、自分たちの部門の利益のためのアクションが増えていくようになる。しかし、それは仕事の本質ではありません。

まずは「目的・ゴール」をしっかり理解することで、自分たちは何のために仕事をするのか、この部門は何のためにあるのか、ということが理解できるようになります。部門のために仕事があるわけではない、ということに気づけるということです。

結果として、部分最適のような動きは大きく減りました。結果が出てこないことに対して、ほかの部門に責任をなすりつけたり、いがみあったりするようなこともなくなっていきました。全体として同じ「目的・ゴール」に向かっているのだ、ということがはっきりと見えてくるからです。

そしてもう一つ、「プロセス／手順」を洗い出す段階では当然、組織内だけでは作業は完了しません。実は他の多くの部門と連携しながら仕事を行っている、ということに、プロセスを洗い出していく中で気づくことができるのです。

他部署との協力あっての自分たちの部門。その事実に気づけるということです。そうすると、自分たちさえよければいい、という発想はどんどんなくなっていきます。


［メリット2］上司が進捗確認できるタイミングを作れる

部下にお願いしていた仕事が思っていたように上がってこない。これは上司にとって、最も大きなストレスの一つでしょう。しかし、「自工程完結」の考え方で仕事を進めていくと、これを大きく減らすことができます。「言わなかった」「聞かなかった」という行き違いも防ぐことができます。上司はイメージどおりのものが上がってくるし、部下は上司が求めている仕事をすることができます。

そしてもう一つ、上司が部下の仕事を進捗確認するときに、一連のポイントが使えるのです。もちろん、ポイントごとに進捗確認をしてもいいわけですが、例えば、仕事を委ねたとき、この部下ならどこまで任せられるのか、によって、どのポイントで進捗確認するか、変えることができます。

「判断基準」だけ確認する部下がいてもいいですし、「プロセス／手順」から確認し、ずっと相談しながら進めたほうがいい部下もいる。

いずれにしても、進捗確認するタイミングが確実にあることで、安心して部下に仕事を委ねることができるようになるのです。

〔メリット3〕上下左右のコミュニケーションが深まる

生産性が上がらない。モチベーションが上がらない。その要因の一つに間違いなくあるのが、コミュニケーション不足だと感じていました。上司と部下の関係もそうですし、部門間もそうです。

しかし、新しい考え方で仕事を進めていくことで、コミュニケーションを深めることができます。上司は部下に仕事をお願いするときに、「目的／ゴール」を語るようになる。「最終的なアウトプットイメージ」をしっかり伝えるようになる。「プロセス／手順」や「判断基準」「必要なもの」について話し合うようになる。これで必要十分な情報交換ができるのです。「聞いていなかった」というセリフが出てこなくなる。

これは部門間でも同じです。「プロセス／手順」を作っていくことでコミュニケーションの機会が増えるのです。このプロセスはどういうものなのか、かかわる部門に問い合わせたりすることで、コミュニケーションが生まれる。顔見知りになっていく。部門の壁を低くするきっかけにできる。風通しがよくなっていく。

また、仕事を進める過程で、別の部署と同じ「情報」や「判断基準」を持たなければいけない仕事もあります。それこそ、アメリカとヨーロッパでは、ビルの「ファーストフロア」は異なります。「ファーストフロアで待ち合わせ」と言うと、ヨーロッパの人は二階で待っているし、アメリカ人は一階で待っている。こういうときは、擦り合わせていかないといけない。

異なる「情報」や「判断基準」で判断していたら、部門間で齟齬が生まれてしまうのは当然です。しかし、コミュニケーションを交わしていくことで、認識を合わせることができる。言ってみれば、「共通言語」が増えていくのです。

自工程完結の考え方を用いることで、コミュニケーションが深まっていく。実はこれは、事前には予想できなかった大きな効果でした。

［メリット4］各部署の固有の強みを最大限に活かせる

それぞれの部署には、そこだけが持っている「固有技術」とも言える独特の強みのようなものがある、と私は思っています。ところが、その固有の強みが本当に、適正に活かされているか。

例えば、ある製品市場に関する知識がずば抜けて豊富な人材がいるのに、出てきたアウトプットとしての売上向上のプランは、焦点が定まらずいまひとつ、というようなケースはままあります。また、設計のベテランがたくさんいる部署がこんなに時間をかけたのに、この程度のものしか出てこないのか、というケースもあります。

問題は、「プロセス／手順」にあるのだと思います。固有の強みが活かせるようなプロセスになっていないのです。

新しい仕事の考え方を使うと、これが変わる。しっかりと仕事の「プロセス／手順」を洗い出していけば、固有の強みを適正に活かせていないことに気づくからです。

気づいたら、「プロセス／手順」をゼロベースで見直して、新たに組み直せばいいのです。そこで固有の強みを活かす方法が見つけられる。結果として、固有の強みを最大限に活かせる組織になります。

［メリット5］部門内の情報共有が進む

部門間の情報共有に問題があると思っていましたが、とりわけスタッフ部門では、部門内の情報共有にも大きな問題があると思いました。

仕事を属人的にしてしまっているケースが多々あったのです。この人がやればうまくいく、という仕事がたくさんあった。しかし、新しい人が来ると手間暇ばかりかかって、どうにもならない。

結局、先輩の背中を見て仕事を覚えろ、といったことになります。昔は時間がありましたから、それでもよかったのかもしれませんが、今そんな悠長なことを言っていたら、あっという間にマーケットに置いていかれます。スピード感でまったく追いつかなくなる危険性があるのです。

うがった見方をすると、ほかの人にはできないようにしているのではないか、とすら思ってしまったこともあります。余人に代えられない、自分にしかできない。そんなふうにして、自己の存在価値をアピールしているのではないか、と。

しかし、それでは生産性を上げるという意味から言えば困るのです。異動や退職だけが問題なのではありません。風邪で休んだらどうするのか。産休など、長期で休みを取ったときにはどうするのか。そういうときに、周囲は困ってしまうのです。

そして、属人的になっていたら、実は、カイゼンが進みません。ほかの人の知見が得られず、こうしたほうがいい、というコミュニケーションが深まらないからです。

新しい仕事の進め方を使えば、こうはなりません。文書でマニュアルに落とし込み、結果の「振り返り」をしてアップデートしていくのです。こうすることで、誰にでもできるようになる。知見が集まることになる。仕事のレベルも上がる。

これまで手取り足取り教えなければいけなかったものがなくなり、生産性が上がります。新しく入った人でもマニュアルから学べるので、周囲に迷惑をかけることもない。だからモチベーションアップにもつながるのです。

［メリット6］会議が減る

スタッフ部門では特にそうだと思いますが、最も生産性を下げているのは、もしかしたらこれかもしれません。会議です。

会議という名前を付ければ、仕事をやっているような気になりますが、本当にこれは必要なのかと思える会議が、たくさんありました。実際に聞いてみると、「調整のために必要だ」と言う。

こうした会議は、それこそ「自工程完結」の考え方を用いることで一気になくなります。なぜなら、部門内でも部門間でも情報共有が進むからです。「プロセス／手順」が部門間で共有されていれば、それこそ調整会議などいらない。ましてや対策会議なんて、問題が起きる前からやるのはおかしい。そこで、調整会議ゼロ、対策会議ゼロを宣言しました。

実際にはゼロは難しいと思います。しかし、「自工程完結」の考え方を用いれば、極限まで減らしていくことができます。

それこそ何かのプロジェクトを部門横断でやるときは、最も大きな課題になるのは、スケジュールをどうするかということと、「判断基準」「必要なもの」をしっかり共有することです。この二つさえしっかりできていれば、何度も何度も定期的に会議などする必要はないのです。

もとより会議は、出席者の生産性を下げるだけではありません。会議のための資料を作ったり、議事録を書いたり、周辺業務としても多くの仕事を発生させるのです。会議があるから残業もあるケースも多い。会議が減れば、残業も減るのです。なのに「とりあえず会議」がいかに多いか。

「自工程完結」の考え方を使えば、会議は間違いなく減ります。必要最小限になるのです。

［メリット7］理不尽なところが見える

「自工程完結」の考え方で仕事を進めることは、つまるところ、自分の仕事のやり方や、組織の仕事のやり方をゼロベースで見直すことです。お客さまのためという前提で「目的・ゴール」を設定し直し、「最終的なアウトプットイメージ」をしっかりと持ち、「プロセス／手順」を洗い出し、正しい意思決定をするために「判断基準」や「必要なもの」を定めていく。

この一連のポイントを通してやると、気づくことがたくさんあります。一つは、今までの仕事には理不尽なことがたくさんあった、ということです。「どうしてこれがこうなのか」ということをあらためて追求してみると、実は何のやるべき理由もなかった、というケースも少なくありません。

ただ昔から続いていたから、という理由だけで、やらなければいけないとされていた大変な仕事もあったりしました。「自工程完結」では、理不尽なところがすべて見えてくるのです。

あるとき面白い例え話を聞きました。これこそまさに、「自工程完結」の考え方を用いたら、見えてくる理不尽だと思いました。あるアメリカ人家庭の、七面鳥料理の話です。

その家の娘は、「わが家の七面鳥料理のレシピでは、尻尾と頭はちょん切ってオーブンに入れる」と親に教えられていました。しかし、娘は疑問に感じたのです。どうして尻尾と頭をちょん切って入れるのか、と。

娘はお母さんに尋ねました。すると、お母さんは言いました。

「私にはわからないわ。あなたのおばあちゃんにそう教わったから、そうしているだけよ」

そこで娘は、おばあちゃんのところに聞きに行くことにしました。おばあちゃんは言いました。

「よくわからないわね。おそらくそうしたほうが、七面鳥の中に詰めた野菜やら何やらから出たガスがうまく抜けて、おいしくなるんじゃないのかしら」

娘はなるほど、と思いました。ガスがよく抜けるなんて、面白い。これは誰が考えたのかと聞くと、ひいおばあちゃんだと言う。そこで娘は、ひいおばあちゃんにも聞きに行きました。ひいおばあちゃんは言いました。

「違うのよ。昔はわが家のオーブンは小さかったから、七面鳥が丸ごとオーブンに入らなかったの。だから、頭と尻尾を切ったのよ。オープンに入るなら、切る必要なんかないわよ」

トヨタには、たくさんの「七面鳥の話」が転がっていました。おそらく日本の会社にも、たくさん転がっていると思います。

[メリット8] 失敗が減り、妥協がなくなる

新しい考え方による仕事の進め方で、最も大きなわかりやすい効果は、これだと思います。失敗が減る。ミスが減る。作り直しや、やり直しが減る。「自工程完結」の考え方によって、コミュニケーション・ミスが大きく減るからです。そして、正しい情報や「判断基準」のもとで意思決定ができ、仕事を進められるからです。

さらに、私が強い関心を持ったのは、失敗が減ったことで、仕事に向かう姿勢が大きく前向きになったことです。

みんな、悪いものを作ったり、評価されないものを出そうとは思っていないのです。ところが、結果的にそういうものができたり、評価されなかったりして、

嫌な思いをしていた。

こうしたネガティブなことが減っていくと、ポジティブなほうに意識と力が向かうようになるのです。

例えばかつて工場では、技術的に難易度が極端に高く、正しくできるものは八割、九割でいい、不良品は仕方がないから廃棄すればいい、そんな考え方にならざるをえない部門がありました。当時の技術レベルからすれば仕方がない面もたしかにあったのです。もともと世界の標準でも、そのくらいの歩留まりになる仕事だったのです。

ところが、「自工程完結」の考え方で仕事をするようになってから、それでは納得できなくなりました。科学的アプローチを活用することで、もっと上を目指したい、一〇〇パーセントを目指したいと変わっていった。

「自工程完結」の考え方で仕事をすることは、つまり、一〇〇パーセントの仕事をするにはどうすればいいか、を考えることです。だから、一〇〇パーセントを目指そうという空気が広がっていく。

そして一〇〇パーセントへの道が見つかると、やはり楽しくなる。結果が出るからです。そして一〇〇パーセントをますます追いかけたくなる。あらゆるところで、一〇〇パーセントを目指そうとなっていきました。

これはスタッフ部門も同じです。成功体験を持つと、それを広げたくなる。結果として、妥協しない仕事が追求されるようになっていったのです。

［メリット9］生産性が上がる

あれこれと自工程完結のメリットを挙げてきましたが、こうしたメリットの結果として、私が特に実感しているメリットを、以下に二つ挙げます。その一つは生産性が上がることです。

工場では常に生産性向上の具体的な目標があり、そこにこの考え方が大きく寄与したことはすでに書きました。「プロセス／手順」を洗い出すことで、実は必要のないプロセスに時間をかけていたことがわかり、工程数そのものを減らしたケースもありました。

この新しい考え方になってからは、仕事をトータルに見ていくことで、全体で生産性向上を図ろうという空気に変わりました。かつては課ごとに目標が与えられ、生産能率を評価されて給料が決められていたものが、今は全社平均で判断されるようになっています。全社で数字が上がれば、全員の給料が上がるのです。

スタッフ部門の仕事でも、「目的・ゴール」に立ち返ることで、実はそれほど必要のない仕事だったことがわかり、業務そのものをなくしたケースがあります。また、自分たちの部門のみならず、関連する部署や取引先ともコミュニケーションをとり、業務をなくすなど、効率化したケースもありました。

そしてもちろん、個々の仕事の生産性もアップしました。「自工程完結」の考え方を用いることで、上司とのコミュニケーション・ギャップが減り、やり直しが大きく減ったのです。

【メリット10】モチベーションが上がる

二つ目のメリットは、「自工程完結」の考え方で仕事を進めた結果、モチベーションが上がることです。

一生懸命頑張っているのに、正しい結果が出ない。これが、モチベーションを阻害している最大の要因だと私は感じていました。

「自工程完結」の考え方を用いるとはつまり、正しい結果が出るための、正しい仕事のやり方が理解できる、ということです。一生懸命にこのとおりにやれば、結果が出る。これだけのことをやれば絶対に大丈夫だと、みんなが自信を持って仕事を進められるようになる。

言葉を換えれば、現時点での一〇〇パーセントが見える、ということです。それまでは、カイゼン、カイゼンと言われ、どこまでやったらいいのか、決められていませんでした。より良く、昨日より今日……。もちろんその意識は今もありますが、かつてはエンドレスのイメージだった。

それが、少なくともこれをやれば、自分の責任は一〇〇パーセント果たせる、というものがプロセスの中にあるようになったのです。だから、頑張りがいがある。「よし頑張ろう」というモチベーションにつながっていく。もっと精度を高めていこう、ということになる。マニュアルはアップデートされていきますから、カイゼンの意欲もさらに湧くのです。

さらに、「目的・ゴール」をしっかり理解することで、自分の仕事が単なる作業ではなく、お客さまにしっかりつながった大事な仕事なのだ、ということがわかるということです。

これが理解できれば、誰もが「八百屋の親父」になれる。自分の仕事の意義を実感しながら、仕事に向かうことができるのです。

第3章

新しい考え方のルーツは、かつてのトヨタのリーダーたちにあった

検査をしていると、自分が悪いことをしている気になる

トヨタの新しい仕事の考え方について、詳しく解説してきました。大きなポイントは、それぞれの仕事において、「工程」をきっちり洗い出し、必要であれば、ゼロベースから自分の仕事のやり方を見直し、書き出し、それぞれの「工程」できっちり仕事を進めていくということ。

スタッフ部門でも、同じです。一つの仕事は、小さな意思決定の連続ですから、その「工程」をきっちりと洗い出し、こなしていく。

これがすなわち「自工程完結」という言葉につながっていくわけですが、実はこの考え方の原点は、トヨタの歴史にしっかり刻み込まれていたことを、私は後になって実感することになります。

一九七〇年に入社した私が最初に正式配属されたのが、検査部という部門でした。今でこそ、検査や品質保証は、品質管理学会があったりして、多少なりとも

大学の講義の中に入っていたりしますが、私が学生の頃は講義に入っていませんでした。

そして品質保証の代表的な中身はといえば、検査をして悪いものを見逃さない、という技術でした。検査をするための道具を開発したり、検査をする人たちを訓練したり、検査をするときに、良い悪いの判断をいかに正確にできるかを考えたり、いろいろな仕事に取り組みました。

つまり検査の最大の役割は、「良い悪い」を判定することだったと言えます。検査部門が良いと言ったら良くて、悪いと言ったら悪い。そのくらいの正しい判断を自分自身もしたいと思いましたし、みんなにもそういう判断をしてもらえるような環境を作りたいというのが、検査の仕事に携わる者の一つの願いでした。

ただ、検査の仕事をしていく中で、私は次第に違和感を持つようになっていきます。検査担当として「これはダメだ」と厳しくはねるわけですが、その製品は間違いなく誰かが作ったものです。

作っている人たちは、自分が悪いことをしているとは思っていません。悪いものを作ろうなんて思っていない。なのに、後から検査でダメだと言われる。これは、本当は嫌なことなんだろうなぁと、次第にわかっていったのです。

実際、検査からダメ出しをされると、みんな悲しそうな顔をします。自分でも明らかに失敗したなと思うものをダメだと言われたのなら、納得もいきます。次から気をつけようとなるわけですが、自分では何も悪いことをしたつもりがないわけです。なのに、どうして検査はダメだと言うのか、という思いになる。それが想像できたのです。

ダメと言う検査の側も、相手が素直に「それは申し訳なかった。次から気をつけるよ」と言ってもらえたなら、検査のしがいもありますが、「どうしてダメなんだよ」と逆に詰め寄られたりすると、なんだか自分が悪いことをしているのではないか、という気分になります。仕事も楽しくなくなっていくのです。

では、トヨタは品質について、どう考えていたのか。過去を紐解いていくと、驚くべきことがわかっていったのです。

機械が止まれば、不良品は作られなくなる

まず、トヨタの品質管理の原点は、豊田自動織機の創業者、豊田佐吉が考案した「豊田G型自動織機」にありました。この織機の特徴の一つは、布を織る糸が切れると、機械が止まるメカニズムが組み込まれていたことです。

織機は、数百本の糸を織物にしていく機械です。動力を使って動かす織機は、手織りの織機に比べて画期的に生産性を高めることができるものでした。しかし、一つ大きなネックがあった。生産途中でもし、織物を構成する数百本の糸のうち一本でも切れたり、なくなってしまったら、不良品をどんどん織り続けてしまうことになる、ということです。

そのため、機械を見張り、一本でも糸が切れたら機械を止める役として、人を張り付けておかなければいけませんでした。しかし、これでは自動化の意味が、大きく損なわれてしまいます。

そこでこの不具合を解消するために、豊田佐吉は、糸が切れたり、なくなったりすると機械を止める、自動停止装置を取り入れたのです。機械が止まれば、不良品は作られなくなる、ということです。

糸が切れた瞬間に織機が自動的に止まるわけですから、張り付いている人の負担は大きく減ります。それこそ、一人でたくさんの機械を見ることができる。

そして織機は、人に徹底監視されていなくても、良品だけを作り続ける。異常を検知したら、自らが止まることで、けっして不良品を作り続けない仕組みを備えていたのです。

そして、機械が止まることで、問題点に向き合うこともできた。糸がどうして切れてしまったのか、その場で考えることができた。今後は切れないよう、機械をカイゼンすることができたわけです。

こうした自動停止装置の根底には、一つの考え方がありました。

「良いものだけを生産し、検査に頼らないモノづくりをする」

悪い製品は作らない、万一できてしまったときには、直ちに検出して機械を止める。作っている段階で、品質を管理していくということ。工程で品質を造りこんでいくということです。

あの時代にこうした発想でモノづくりをしていたことは、私にとっては衝撃でした。まさに「心がけ」だけではなく、課題を科学的に解決していたのです。あの時代から、です。トヨタの品質保証の原点は、検査ではなく、工程にこそあったということです。

この「悪いものを流さない」「問題を顕在化させる」ことこそ、トヨタ生産方式の双璧をなす考え方、「ニンベンのついた自働化」につながるものでした（もう一方は「ジャストインタイム」です）。

そしてこの「自働化」を現場のみならず、トヨタのすべての仕事に適用しようというのが、私が推し進めてきた「自工程完結」なのです。

「検査の理念は、検査しないことにあり」

もう一つ、衝撃を受けたものがありました。私が入社する前の一九六二年、当時の豊田英二副社長が小冊子を全従業員に配布していました。その中に、こんなことが書いてあったのです。

「検査の理念は、検査しないことにあり」

検査しないことが検査？　入社した当初は、私はこの意味がよくわかりませんでした。良いものを作れば、検査をしなくても済むのだろう、くらいの認識でいました。

ところが後に、この言葉の本当の意味を理解するようになります。検査というのは、悪いものを見つけるだけではなく、良いものをどうやって作るのか、考えなければいけないということです。品質のプロとして、良いものを作る方法を製造と一緒になって考え、協力し、次からは自分が検査をしなくても、良いものばかりが出てくるような状態を作り上げなければならない。

そして作り手も同じように、検査をする人間に頼らずに、自分自身で検査がいらないくらいの、良いものを作ろうとする。そういう意識を持たないといけない、ということです。

この小冊子のタイトルが、『品質は工程で造りこもう』でした。一人ひとりが

品質保証には２つの方法がある

	検査で品質を保証	自工程完結 **工程内**で品質を保証
基本的考え方	不良品は出ることが前提	不良品は作らない
主な活動	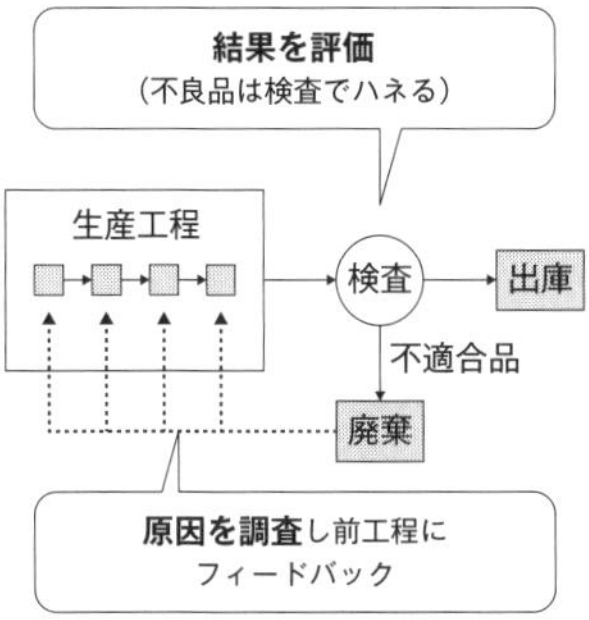 【問題解決型／流出防止】	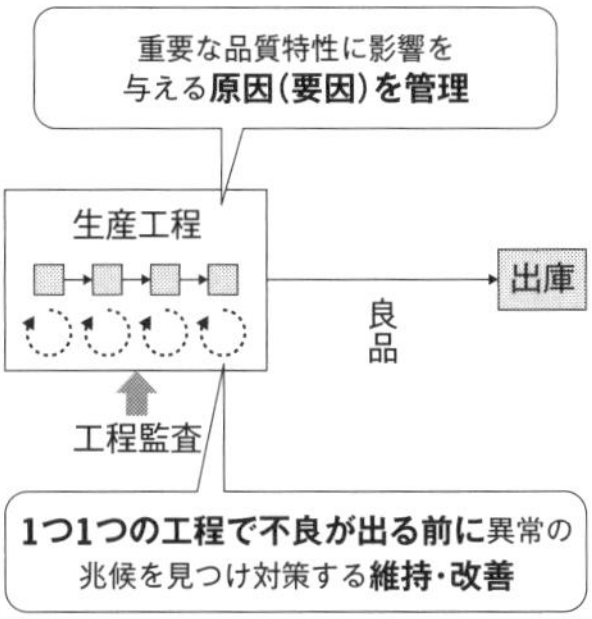 【課題達成型／未然防止】
メリット	・お客様へ渡す状態で検査できる ・初期品質評価に適している ・各工程で生じる「ばらつき」が 累積された状態で検査できる ・運用が比較的容易	・課題が見える、自ら改善サイクルが回る （スパイラル・アップ） ・品質、生産性向上、コスト低減 ・作業する人の働きがいが出る （モチベーション・アップ）
デメリット	・モチベーションが下がる （検査員がフィードバックすると 現場は嫌な思いをする、 検査員も嫌がられるので フィードバックしたくなくなる） ・検査コスト（設備・人）がかかる ・耐久品質（経時劣化）は検査困難	・管理すべき要因の抽出・特定に 技術力が必要であり、運用が難しい

品質保証の主役となって、品質を「工程で造りこむ」ことがきわめて重要だということが、このときにすでに示されていたのです。

要するに、品質保証には大きく二つがあるということです。品質を検査に頼るやり方と、品質を工程で造りこむやり方です。

前者は、第三者が良し悪しを判断し、悪ければやり直しを命じる。それに対して後者は、一つひとつの工程で良し悪しを判断しながら、最終的な品質を高めていく。この後者こそが、文字どおり「自工程完結」の考え方なのです。

もっと言えば、前者は不良品が出ること、正しくない結果が生まれることを前提にした発想です。それに対して後者は、不良品は作らない、正しくない結果は生み出さないことを前提にしている。それぞれメリット、デメリットはありますが、トヨタは品質保証の方法論として、後者を選んだのです。

もともと「自工程完結」はトヨタの中に息づいていた

トヨタの歴代トップがいかに品質を重視し、品質にこだわりを持っていたのか、私はあらためて感じました。最終的なアウトプットの品質が高ければいい、というわけではけっしてないのです。アウトプットに至るまでのプロセスも、高い品質でなければならないということです。

そしてこの考え方で、トヨタは品質を高めてきた。もともと「自工程完結」はトヨタの中に息づいていたのです。ところが技術が高度化・複雑化し、簡単には「自工程完結」できない工程が増えてきたのではないかと思うのです。

ただし、トップの品質へのこだわりは、変わってはいませんでした。今も覚えていることがあります。歴代トップの思想が実は原点にあった「自工程完結」によって、水漏れゼロを達成したとき、当時の豊田章一郎会長が工場視察に訪れました。

一通りの説明をする中で、私は「シャワーテストに頼らない」という発言をしました。これは先に書いたように「自工程完結」によって工程で品質を造りこむ、ということを強く意識したからです。

ところが、豊田章一郎会長はこう言いました。

「検査はやめてはいけない」

これこそ、トップの品質へのこだわりだと思いました。実は豊田英二も「検査の理念は、検査しないことにあり」とは言っているものの、検査をやめろ、ということは一言も言っていないのです。

私はこういうことだと読み取りました。検査をしても不具合が一つも見つからない状態こそ、トップが求めている状態なのだ、ということです。検査をして手直しをしたり、検査をして廃棄したりするのは、無駄。ただし、検査はし、お客さまに品質保証する。これが、検査員の仕事だということです。

私はようやく、トヨタにおいて検査というものが意味するものがわかってきました。それは、会社としての責任の取りようなのです。検査をやめて、誰も保証しなければ、誰も責任が取れないからです。

検査には二つの種類がある、ということがわかった

実際、「自工程完結」の考え方で水漏れゼロを達成できてから、面白いことが起きました。水漏れ検査のためにシャワーテストをしても、水漏れが見つかることがなくなったのです。

もし一件でも見つかると、工場中が大騒ぎになりました。出るはずのない不具合が出てしまったからです。何かが見逃されている、と徹底的な調査が入った。そのくらい、水漏れを出さないことに対して、みんなが自信を持ったのです。

そして、対策がどんどん進んでいった。水漏れだけでなく、ほかの不具合を出さないためにどうするか、というときにも「自工程完結」の考え方で取り組みを進めました。自分たちの工程で品質をきちんと保証するという考え方が、根付いていったのです。

「プロセス／手順」を洗い出し、「判断基準」「必要なもの」をはっきりさせていく。単なる「心がけ」ではなく、科学的に理論付けて、不良品を生み出さない工程を造りこんでいった。結果的に「工程内不良ゼロ」というラインが続々と生まれていきました。

「自工程完結」を取り入れることで正しい結果が生まれる、という思いが確たる

ものになったのは、このときでした、
そして検査についても、考え方をあらためて整理することができました。検査には二つの種類がある、ということです。

一つは、お客さまに対する品質保証のための検査。もう一つは、工程が不安定なために、仕方がないからやる検査です。

歴代トップがこだわり続けてきたトヨタの品質は、後者の検査はやめようということだったのです。工程がいまひとつ信用ならないから、やむをえず検査をするというのはおかしい、と。

不良品を見つけて手直しをするということは、すべきではない。不良品が出ないよう、その前に「自工程完結」ができていないといけない、ということです。

しかし、そうは言っても完璧な「自工程完結」がすぐにできるわけではありません。そこで、私たちは新しい名前をつけることにしました。検査という名前でごっちゃにしないよう、分けて考えることにしたのです。

それが、「クオリティゲート」です。暫定的な段階では、これをやる。本来なら工程で完璧に不良ゼロに取り組みたいけれど、まだ自信のないうちは「クオリティゲート」をつける。そして課題が見つかると、フィードバックをかける。カイゼンするということです。このサイクルが一つ。

そしてもう一つが、お客さまに対する品質保証的な活動としての検査です。しっかりした検査を経た車をお客さまに提供しているのだ、という保証をする。これは、車の特性が決まっていれば、やらなければいけないことはわかります。工程の不安定さを補うための検査ではないのです。

できていないのに、できていると思い込んでしまっていた

実はこれも歴史を紐解いてみてわかったことですが、品質保証部門は「監査改良室」という部署からスタートしていました。検査ではない。製品の良し悪しを監査するとともに、業務の良し悪しも監査していたのです。

私が品質保証部に配属になったときには、まだ監査改良室という部門名が残っていました。二枚看板で行われていたのです。ところが、いつの間にか監査改良

室はなくなってしまった。

あらためて歴代トップのすごさを思います。品質を高めるために、本当にいろんなことを考えていた。品質へのこだわりが、徹底していたのです。

そしてそれが結実したキャッチコピーが「検査に頼らないモノづくりをする」であり、「検査の理念は、検査しないことにあり」であり、「品質は工程で造りこもう」でした。

実のところ、これらはまだ工場などにも残っていた言葉でした。ところが、みんなやっている気になってしまっていたのです。実際にはできていないのに、できていると思い込んでしまっていた。そこで、何か別の言葉を作ったほうがいいと私は思うようになっていったのでした。

もう少し、わかりやすい言葉にすれば、どうなるか。「品質を自分の工程で造りこんで完結させる」。ただ、これはなかなか難しい言葉だと思いました。これでは、自分の工程だけで完結してしまって、ほかのことは知らない、といったニュアンスにも聞こえてしまうと思いました。

そこで、あらためて定義をしました。「〝心がけ〟に終わることなく、品質を工程で造りこむということを、より科学的に、論理的に、実証的に行う」こと。そんな中から、「自工程完結」という五文字の日本語が出てきたのでした。

実は当初、この言葉に周囲はまったくピンときていないようでした。「品質は工程で造りこむんだ。あなたはやってないじゃないか！」などと言おうものなら、大変な反発を食らいました。現場では、品質のトヨタを作っているのは、自分たちだという自負があるのです。何を今さら、という声も強かった。

その反発を防ぐためにも、しっかりした定義を作っていたことが幸いしました。「〝心がけ〟に終わることなく、品質を工程で造りこむということを、より科学的に、論理的に、実証的に行う」。これに照らし合わせたら、まだまだやれることがあるのではないか、ということです。

もとより水漏れのような、なかなかクリアできない難しい課題があった。その課題に向き合うときに、「自工程完結」という新しい考え方を取り入れることは、とても自然なことでした。そして実際に結果が出たことで、「自工程完結」は工場内で、さらには工場外にも一気に広まっていった。

そしてスタッフ部門でも、導入されるようになっていったのです。

「設計変更」が少ない設計は、なぜできるのか

「自工程完結」とは、いったい何なのか。それを追求していくうえで、とても参考になったことがありました。二人の人物の仕事スタイルです。一人は、トヨタ車体で副社長を務められたAさん、もう一人が豊田自動織機で副会長を務められたBさんです。

トヨタ車体のAさんは、もともと設計技術者でした。車の内装の設計、電気配線の設計が専門なのですが、副社長になってからも、新型車が出るときには、設計技術者との直接のコミュニケーションを欠かしませんでした。

例えば、設計担当者がダッシュボードと呼ばれる計器盤まわりの新しい設計をする。このとき、Aさんは直接、設計担当者を呼び出して、前のモデルと何を変えるのか、どう変えるのか、徹底的にヒアリングするのです。

古いパネルの設計図も持ってこさせて、新しい設計図と並べて説明させる。こんな機能を付けたいと思う、と設計担当者が言うと、なぜその機能を付けたいのか、その機能を付けるために、何をどうしなければいけないのか、問い詰めていくのです。

どうやりたいのか。新しい技術が必要になるのか。今までのものから、ちょっとだけ線を変えて見栄えが変わればOKなのか。いや、この線を変えていくには取り付けの根本から変えていかないとうまくいかないのか、とにかく聞くのです。変えるということについて、設計者がどれだけしっかり考えているのか、チェックするわけです。

Aさんからは、こうしろ、ああしろ、とは言いません。どうしたくて、どう考えるのか、その理由は何かが問われるのです。ただ単に、こんなふうにしたい、と言うだけの設計者はガンガン否定されます。思い付きや感覚だけで、ロジックのない設計は許さないのです。

要するにこれは、設計のイロハ、基本のキに則っているか、きちんとプロセスを踏んでいるか、ということを確認するためのコミュニケーションでした。

なんと四〇人から五〇人の設計者に、一人三〇分から一時間をかけて、副社長自身が聞いていました。立場上、毎日とても忙しいわけですが、これだけは譲らなかった。設計のクオリティを担保するためであり、設計者を育てるためだったのです。

後にAさんには、「自工程完結」をスタッフ部門に広めていくためのプロジェクトに加わってもらうことになりますが、一度、なぜそういうコミュニケーションをしていたのか、と聞いたことがありました。

彼が言うには、やはり仕事はプロセスが大事だ、ということです。設計という仕事は、変えるところを見るのも大事だけれど、変わらないところを見るのも大事。一見、変わらなさそうだけど、実は変えないといけないところもある。だから、図面のこの線を変えるというのは単純なことだけれど、それによって何が起きるかということを、しっかり見通せる力があるかどうかを見ていたのだ、と。

結果として、トヨタ車体が手がける仕事は、設計をした後に、「しまった」と設計変更する数が、きわめて少なかったのです。初めからプロセスをしっかり考えて、アウトプットをイメージして、頭の中で図面を描いて、それに従ってモノを作ることができていたからです。

実際にモノを作り、実際に試験したり走らせてみたり、耐久試験をして、壊れたりうまくいかなかったりしたら、設計変更して完成させていく、というやり方が少なくなるのです。

設計変更が少ないとは、つまり正しい結果が出ているということ。その理由は、しっかりプロセスを考えているところにありました。「自工程完結」の定義を考えていく中で、これはとても大きなヒントになりました。

書類がすべてネットワーク化された大規模工場

もう一人、豊田自動織機前副会長のBさんは、昔から私の仕事仲間でした。彼が長草工場の工場長だったとき、訪問してびっくりしたことがありました。

長草工場は、ネットワークが大変に充実していて、会議や報告書などがすべて一元管理されていたのです。

私がふらっとお邪魔して、例えば生産管理の人と話をしていたとする。

「あ、そういえば、先日、品質の対策会議をやっておられましたよね。あれはどうなったのでしょうか」

などと話をするとします。生産管理の人ですから、品質管理のことはわからない。普通の会社なら、

「それでは、品質管理部の担当を呼びましょう」

ということになると思います。ところが、長草工場では違うのです。

「ちょっと待ってくださいね」

そんな言葉とともに、パソコンに向かうと画面に資料が表示され、

「この前の対策会議の議事録はこうなっています」

と、そのまま見せてくれたりするのです。工場の中のドキュメントが、すべてネットワークされている。だから、ものすごく効率がいいのです。あれを呼んでこい、これを呼んでこい、ということがない。

必要なら、自分でアクセスして求める情報を取ってくることができるのです。素晴らしいと思いました。どうしてこんなことをしたのか、とBさんに聞くと、

こんな話をされました。

人はいったい何を見て仕事をしているのか。それは情報だ。仕事に必要な情報をどれだけ集め、どれだけ簡単に見られるようにするかは、きわめて重要なことだ、と。

後に「自工程完結」を考えるとき、まさにこれが頭に浮かびました。仕事に必要なのは、情報。それが「判断基準」や「必要なもの」という要素につながっていったのです。

それにしても、必要な情報にいつでも、誰でもアクセスでき、しかも常に最新のデータにアップデートされているのです。これだけ情報のネットワークを維持管理するのは、さぞや大変なことだと思いました。

ところが、なんと四人ほどのグループで担当している、というのです。しかも、情報アップデートは各部署に任せている。遅れているところは、担当がつつく仕組みにしているだけだ、と。

長草工場は四〇〇〇人規模の工場でした。その情報効率を極限まで高めているネットワークが、たった四人で運営されていたのです。四人の担当を付けるだけで、飛躍的に効率が上がるということ。これはスタッフ部門でも、間違いなく使える考え方だと思いました。

Bさんにも、後のスタッフ部門に導入するプロジェクトに、アドバイザーとしてかかわってもらいました。

「必要なもの」の一つである情報が足りないと、結果的に正しい仕事にはつながっていきません。抜け・漏れも起きかねない。ネットワーク化によって、情報がいつでも手に入る状態にしておけば、それが防げます。

こうした情報ネットワークがないから、何でも人に聞いたり、自分でわざわざ調べたりしなければならなくなる。それこそ、マニュアルも情報ネットワークに入っていれば、誰でもいつでも見られて、仕事の精度を上げられるのです。その部門内で必要になる情報くらいは、きちんと持っておくのは当然ではないかと思いました。

そしてこの情報ネットワークを見たことで、「自工程完結」の考え方は、間違いなくスタッフ部門にも有効に作用する、と考えるようになっていったのです。

第4章

「自工程完結」を
スタッフ部門にも浸透させる
ために何をしたか

まずは六人のプロジェクトチームから

一つの工場から始まった新しい取り組み「自工程完結」は成果を生み出し、やがて全工場へと波及していきました。そして、工場のみならずスタッフ部門の仕事も含めた全トヨタに広げていこう、と経営会議で決まったのが、二〇〇七年のことでした。

もともと生産現場で始まった取り組みです。しかも「自工程完結」という、なんとも生産工程的な響きのある名称。これをスタッフ部門に広めていくには、それなりの時間をかけなければいけない、と覚悟しました。実際、今もその浸透は道半ばであるというのがトヨタの認識であり、現在も努力は継続されています。

二〇〇七年、スタッフ部門に「自工程完結」を広めるにあたって、まずスタートしたのは、プロジェクトチームでした。事務を担ってくれる女性一人を含めて六名。メンバーは、私が選びました。

それまで私が仕事をしてきた中で、「おっ、こいつはなかなか骨があるな」「信念を持って仕事をしているな」という人物にお願いしたのです。組織からちょっとはみ出しているようなベテラン。トヨタは役職定年制度がありますが、五五歳を過ぎて組織の中の役職を離れた人たちに、優秀な人材がたくさんいたのです。

バックグラウンドは、製造、品質管理、設計など、さまざま。残念ながらこのときには、事務管理部門のスタッフのメンバーはいませんでしたが、人事部門の教育系の組織が味方になって、大いにサポートしてくれました。

新しい取り組みを進める、というのは、何より会社方針に決まったことです。リーダーやリーダーを目指す人に、理解してもらわないといけない。社内に広げて、浸透させなければいけません。

ただ、技術屋というのは、「これはもう決まったことだから当たり前でしょ」とやってしまう傾向がある。でも、そんなやり方をしたら、スタッフ部門からはきっとそっぽを向かれてしまう危険があると感じていました。

生産現場での新しい取り組みを、どうスタッフ部門に取り入れていくのか。現場の仕事とスタッフ部門の仕事と、何がどんなふうに違うのか。

いろいろなことを明確にするためにも、社内のみならず社外からもアドバイザーをお願いすることにしました。それが、先にご紹介したトヨタ車体のAさんと、豊田自動織機のBさんだったのです。

まずやらなければいけなかったのは、スタッフ部門における「自工程完結」とは何か、という定義をはっきりさせることでした。「品質は工程で造りこむ」と工場でやるのは、イメージできますが、スタッフ部門の「品質は工程で造りこむ」とは何なのか。

そこで、プロジェクトのメンバーで侃々諤々の議論を行いました。このときに出てきたのが、「意思決定」というキーワードでした。例えば、新車販売予測の仕事にしても、最終的な予測に落とし込むまでに、どのデータを使うのか、どう判断するのか、といった細かなプロセスがいくつもあるわけです。つまり、プロセスごとに意思決定がある。

この意思決定の精度を高めていくことこそ、スタッフ部門における「品質は工程で造りこむ」だと考えたのです。

二五〇の部から「推進者」を出してもらう

工場で始まった新しい取り組みをスタッフ部門にも広げる。しかし、製造現場ではかなり知られるようになった「自工程完結」も、スタッフ部門の間では知名度ゼロと言っても過言ではない状況でした。

まずは、その存在を知ってもらわないといけない。しかし、ただ説明する、ブリーフィングするくらいでは、なかなか進まないと思いました。また、全社員にトレーニングしたところで、すぐに理解し、職場で取り入れてもらえるとも思えません。そこで、知恵を絞りました。各組織で「推進者」を任命してもらうことにしたのです。

トヨタのスタッフ部門の従業員は約三万人ですが、部に分けると二五〇ほどになります。その二五〇の組織から、中堅の役職者を一人、「自工程完結」の推進者として出してもらうことにしたのです。

繰り返しになりますが、会社方針ですから、二五〇〇の部長は推進をしなければいけない。そこで、適任と思われる推進者を部長に指名してもらったのでした。グループマネージャー、室長クラスが中心でした。

まずはこの二五〇〇名の推進者に「自工程完結」を理解してもらうところから始めました。彼らを味方につけることで、新しい取り組みを部内に広めてもらう。言ってみれば、宣教師のような役割です。

正しく理解してもらうために、集合教育の場を作りました。教材を作り、そのメリットを知ってもらう。当初は、丸一日かけました。そして各組織で、新しい取り組みについて、どんなことができるのかを考えてもらうカリキュラムもありました。

後に紹介するツールなども使いながら、職場で「自工程完結」をするには、どういうことをしなければいけないのかを学んでもらい、「今年はこんな計画で新しい取り組みを進めていこうと思います」という計画書を出してもらいました。

仕事のプロセスを深く認識しないまま、働いている

時計の針を少し進めすぎてしまいましたが、実際には「自工程完結」の浸透は簡単に進んだわけではありませんでした。

スタッフ部門の「自工程完結」を実現するためには、何より、それぞれの仕事のプロセスを明らかにしなければなりません。第2章で紹介したポイントを、きちんと押さえていく必要があるということです。

端的に言えば、お客さまのために仕事のゴールを決め、必要であれば自分の仕事のやり方をゼロベースで見直し、プロセスを洗い出し、正しい仕事が継続できるようその知見を積み重ねる。そうすることで、生産性とモチベーションを同時に高める。

しかし、みんなすでに日々、大変忙しい状況にあります。その仕事の時間を止めて、自分の仕事をゼロベースで見直したり、やっている仕事のプロセスを書き

出したり、意思決定に必要なものや判断基準をあらためて洗い出していくというのは、実のところ簡単なことではありませんでした。誰もが「プロセス／手順」や「判断基準」「必要なもの」をきちんと意識しながら、仕事をしているわけではは必ずしもないからです。

実際、製造の「自工程完結」でプロセスをすべて洗い出していったように、「仕事の工程とは何か」「そのときどきの意思決定とは何か」について、スタッフ部門にも書き出してもらおうとしたのですが、すぐに書ける人はほとんどいませんでした。

もちろん日々、仕事をしていて、そのための意思決定をし、結論も出している。しかし、どうしてこの結論が出ているのか、ということについて、どんな順番をたどってこの結論が出たのか、実は簡単には書くことができないわけです。

実のところ、私自身も技術屋を離れて、スタッフ部門的な仕事をするときには、それをすんなり書くことができなかった、という現実がありました。これまでの経験の中で「プロセス／手順」や「必要なもの」を意識することなく意思決定ができてしまう仕事や、いきなり結論ありきで走っていける仕事も、けっして少なくないからです。

予想はしていましたが、反発も起こりました。スタッフ部門の仕事は、製造のような仕事とは違う。機械的に答えが出るような仕事ではない。プロセスを洗い出すのに、とにかく時間がかかる。それでなくても忙しいのに、こんなことをやって意味があるのか。だいたい、なんのためにこんなことをやるのか。やらなくてもいいのではないか。そんな結果が不明瞭なことをする時間を作ることはできない……。

私たち推進者としては、これをやれば、生産性も上がるし、モチベーションも上がる。だから信じてやってみてほしい、と言うしかありませんでした。それこそ、「宣教師」も励ます「教祖」のような役割でした。とにかく信じてもらうしかなかったのです。

「プロセス」というものの認識が間違っている

こうした活動を進める中で、あらためてわかったことがありました。それは、多くのスタッフ部門の社員が、プロセスというものを誤解しているということでした。それが、事態を難しくしていたのです。

プロセスと言うと、すべて「アウトプット単位」で出てくるのです。例えば、ある製品を作るには、図面を描いたり、部品を作ったり、テストをしてみたり、テストの結果で修正したりして、最後に良いモノを作っていく、ということになるわけですが、こうしたアウトプットそのものがプロセスになってしまっているのです。例えば、図面を描くことがプロセスだからと、いきなり図面を描き始めてしまう。

そうではなくて、図面を描く中にも、意思決定のプロセスがあるわけです。正しい図面を描くために、正しい材料を選択するために、何をどういう順番で、どういう項目を一つひとつ意思決定しなければいけないのか、どういう順番で意思決定しなければいけないのか、これこそがプロセスなのです。

「自工程完結」を取り入れるには、こうした一つひとつを吐き出させなければいけない、ということです。それには、一人で考えるのは難しい。これは後に書きますが、社内でコンサルタント的な役割を果たす専門スタッフの力も借りながら、プロセスをあぶり出していったりもしました。

「どうしてこう考えたのか」という意思決定の順番を細かく追っていくことで、初めて、本当のプロセスが見えてくるのです。

例えば材料を決めるとき、どうしてこの材料にしようと思ったか。そこには必ず理由があるはずです。強度だったり、安全性だったり、重さだったり、耐久性だったり。それをぼんやりさせないということです。何を考えて決めたのか。

しかし、実際に追いかけてみると、「前任者がこれを使っていたから」などという答えが出てきたりする。本当の意味で「プロセス」を精査できていなかったということです。たまたま結果オーライで問題がないこともありますが、もしかしたらもっと適切な材料があったかもしれない。

また、「前任者がこれを使っていたから」と選んだつもりが、今回はまったく違う使われ方をしてしまって、問題を引き起こすかもしれない。そうなれば、後工程のテストで問題が出てきたり、修正設計をしなければならなくなったり、ということが起きる。

要するに、本当のプロセスを洗い出したときに、実はプロセスが意識されていなかっただけでなく、プロセスにおいて正しい意思決定がなされていなかった、「判断基準」も「必要なもの」もしっかり考えていなかったケースがある、ということがわかっていったのです。だから、結果が正しくないものになってしまう。本人は一生懸命やっていたのに、なぜかうまくいかない、ということが起こりえたのです。

これこそが、新しい取り組み「自工程完結」のポイントでした。「プロセス／手順」というものを正しく理解し、きちんと洗い出し、「必要なもの」をきちんと定めたうえで意思決定すれば、必ず正しい結果が出てくるはずなのです。

正しいマニュアルなら、マニュアル人間で十分に通用する

正しい結果が出る。生産性が上がり、モチベーションも上がる。こうした期待はある一方で、忙しい中でゼロベースで仕事を見直さなければならない。これが足枷になって、スタッフ部門への新しい取り組みは、思うようなスピードでは進みませんでした。

そしてもう一つ、スタッフ部門から不満の声が上がったのが、「マニュアル人間を作るつもりか」という声でした。そもそもスタッフ部門の仕事は、現場のような同じことを繰り返す仕事ではない。八割方は、昨日とは違う仕事をしている。クリエイティブな仕事に挑んでいるのだ、と。

たしかに新しい取り組み「自工程完結」は、仕事のプロセスをすべて書き出して、誰もがその仕事のことがわかるようにします。異動してきた人が見て、すぐに業務に使える、という意味では精緻なマニュアルです。しかも、どんどんアッ

プデートされていく。

あらためて思ったのは、マニュアル化という言葉に対して、日本人はあまりポジティブではない、ということです。マニュアル人間と言うと、言われたことしかやらない、というイメージもある。

しかし、それは裏を返せば、マニュアルが不整備だった、ということでもあるわけです。しっかりとしたマニュアルができていれば、マニュアル人間でも十分に通用する。にもかかわらず、肝心なことが書かれていないから、マニュアル人間に不満が出る。

新しい取り組みで業務手順書を作ったら、どんどんアップデートしていって、優れた業務手順書にすればいいわけです。形式知化すればいいのです。それができていないマニュアルを使っているから、マニュアルが使えないのです。

もっと言ってしまえば、マニュアルが素晴らしければ、マニュアル人間のほうがいいと私は思っています。マニュアル人間、というのは悪口として言われることが多いようですが、それは人間が悪いのではない。マニュアルが悪いのです。

悪いマニュアルを、「これに従って仕事をしろ」と無理矢理押しつけて成果が出ていない、というだけのことです。

実際、一生懸命やっている人に対してマニュアル人間などと悪く言うのは、おかしなことなのです。責められるべきはマニュアルであり、マニュアルを作った人です。マニュアルが素晴らしければ、マニュアルどおりやったほうがいいのです。なぜなら、正しい結果が出るから。

今日と明日は違う仕事をしている、という声にもこう返しました。どう違うのか、何が違うのか、洗い出してほしい、と。そうすると、今日にも明日にも共通で使えるプロセスが見えてきました。クリエイティブな仕事といっても、すべての仕事を完全にゼロスタートされてはたまりません。思考のプロセスには必ず、従来の知見が使える部分があるはずです。

実際、新しい仕事と言っているプロセスを洗い出してみると、おおよそ八割方は以前と共通したプロセスを繰り返している、ということがわかりました。新しいミッションでレベルの高い仕事をしたり、チャレンジングな仕事をする中にも、本当に新しいプロセスや新規に「必要なもの」が発生するといった部分は、ごく限られていました。大半は、すでにわかっていること、わかりきっていることを順番にやっていただけなのです。

未知のものがあるとすれば、そういう難易度の高い部分が明確になることで、リソースをどこに集中させるべきかがわかり、良い成果に近づける可能性が高まります。

海外事業所ではウェルカム。やっとロジカルに仕事ができる

トヨタの新しい取り組み「自工程完結」は、それをそのままローマ字にした「Ji Kotei-Kanketsu」、もしくは略称「ＪＫＫ」として、海外の事業体でも展開されていきました。興味深かったのは、海外の事業体はこの新しい取り組みにきわめて好意的だったということです。ようやくトヨタも、ロジカルに仕事をしてくれるようになったのか、という声がたくさん聞こえてきました。

それまでは、本社の意思決定がどのように行われているのか、よくわからなかったと言われました。このプロジェクトは、どのような目的で、どのような「プ

ロセス／手順」を経て、どのような「判断基準」、「必要なもの」があるのか、実は彼らは強く知りたがっていたのです。

それこそ「自工程完結」の導入は、海外からは「わが意を得たり」と言うほどの好印象があったようです。ただ、難しさがあったのは、彼らが考えていたロジカルさと、「自工程完結」における「プロセス／手順」に乖離があったことです。

彼らは、業務手順くらいのざっくりとした「プロセス」イメージしかなかった。だから、それをもっと細かく、意思決定の単位にまでばらしていくということには、少し苦労したようでした。

しかし、物事をロジカルにしていく取り組みには、日本よりも圧倒的に抵抗が少なかった。それまでに持っていた疑問も解消された、という声も聞こえてきました。実際、なんとなく日本の本社にボールを投げると、よくわからない意思決定の手順で結果が出てきて、どうしてかと聞いても、なぜだかわからない、ということはよくあったようなのです。それがなくなった。

そしてこれは、海外子会社のみならず、トヨタのグローバルサプライヤーでも同様でした。世界中でビジネスをしている取引先と「自工程完結」の考え方で話をすると、とてもよく理解が進むのです。

まじめで一生懸命、フェアな姿勢は信頼できるが、ときどき仕事のやり方でびっくりするようなことが起きることがあった、という印象を、彼らはトヨタに対して持っていたようです。どうしてこうなるのか、聞いても理由が出てこない。ところが「自工程完結」の導入で、理由が説明されるようになった、と言われました。

プロセスが明文化され、暗黙知ではない形式知として、こういうプロセスで仕事をしよう、こういう考え方で物事を判断しよう、ということが明示されると、社員も、取引先も仕事がしやすくなるのです。

これは、自分はどんな仕事をしなければいけないのか、ジョブ・ディスクリプションがはっきりしている海外だからこそ、ということがあるのかもしれません。日本では、職務内容はきわめてあいまいです。そんな中で、自分の仕事のやり方を、ゼロベースから書き出していく、ということについては、なかなか前向きになれないわけです。自分がわかっていることを、書く理由も見えてこない。書いて何をするのか、ということも、なかなか理解できない。自分はわかっているから、いいじゃないか、ということになる。

その意味では、最大の心理的抵抗というのは、自分以外にも自分の仕事ができるようになってしまう、という恐怖感だったのかもしれません。それは、自分のためになるのか、ということです。

仕事をみんな自分で抱え込んでしまっている。誰にでもできる仕事だ、などと言われたくない。そういう気持ちが強い。

この考え方こそ、変えていかなければいけません。これだけのスピードで動く時代にあって、失敗を積み重ねてなどと、言っていられないのです。自分にしかできないというのは、おかしいのです。そのノウハウを開示し、共有すれば、八割の仕事は誰にでもできるようになる。

そして、その仕事をほかの人に委ねたら、自分はさらなる上のステージに向かえばいい。そういう発想へと転換させていかなければいけないと思うのです。

「自工程完結」推進を評価に組み込む

新しい取り組み「自工程完結」の導入が経営方針として決まったとき、複雑な思いを抱いたスタッフ部門の社員も少なくなかったと思います。

それでなくても、仕事は忙しいのです。頑張っているのです。そして、意識して業務の「カイゼン」にも取り組んできた。そのうえに、「自工程完結」までやらされるのか、と。

しかし、私が大きな声で伝えたかったのは、「自工程完結」をやることによって、仕事はもっとラクになる、ということでした。どうしてこんなに忙しいのか。これほど頑張っているのに、なぜ思うような結果が出てこないのか。もっと効率が上がらないのか。それは端的に言うと、正しい仕事のやり方をしていないから、なのです。

「自工程完結」は、正しい結果が出るプロセスを理解することにつながります。

意思決定するための「判断基準」「必要なもの」も見える。どうやって結論を導き出せばいいのか、もわかる。

もっと言えば、上司にもそれを伝えればいい。実際、スタッフ部門の生産性を大きく下げているものに、資料や書類などのやり直し、作り直し、があります。上司に指示された仕事に、何度やってもOKが出ない。そんな経験を持っている人も少なくないのではないでしょうか。

それは、正しい結論やアウトプットを出すために必要なことが、上司との間で共有できていないから起こるのです。しかし、「自工程完結」の一連のポイントを押さえることで、それは防げるようになります。

また、上司が自分の意思決定のためにとにかく欲しがるいろんな情報も、必要最低限になっていくはずです。なぜなら上司も、意思決定するために「判断基準」「必要なもの」がはっきり見えるようになるから。上司も困らなくなりますが、部下も必要性の低い資料を、作らずに済むようになるのです。

情報の共有化が進めば、ちょっと隣の人に聞けば数分でわかることを、二時間、三時間とかけて調べていくようなこともなくなっていきます。

スタッフ部門への「自工程完結」の推進では、さまざまな取り組みを進めていきました。研修などの教育トレーニングはもちろんですが、モデルケースとなる組織を支援し、成果を出してもらうことで成功事例を作っていくようにしました。

また、なかなかうまく推進できないところには、「個別相談」という形で自工程完結推進室のメンバーたちが入っていったりしました。こういった場合は、「自工程完結」で効率が上がるということを信じ切れていないケースがほとんどでしたから、プロセスの洗い出しを手伝ったりして、一緒になって手順を踏んでいき、成功体験を積む取り組みを進めました。

二〇〇七年からは、「自工程完結」による取り組みで優れた成果を出した職場を表彰する、年に一度の発表会を開催するようになりました。これはもちろん、「自工程完結」の推進が、組織や個人の評価につながっていく、ということも意味します。

こうした中で、少しずつ少しずつスタッフ部門にも浸透していくようになったのでした。

第5章

トヨタのスタッフ部門では、実際どのように「自工程完結」は活用されているか

じっくりコンサルティングをしていくと、まったく違った

全社への導入が決まったトヨタの新しい取り組み「自工程完結」。最初は、「自工程完結」とは何か、という教育から始めましたが、なかなか浸透しませんでした。やりたがらない社員もいました。特に営業や開発などがそうでした。

「自分たちの仕事は繰り返し性が低い」「毎回、新しいことにチャレンジする」「市場環境も変わる」「製品も新製品になっていく」……。そんな理由から、「自工程完結」にはそぐわないのではないか、という思い込みのようなものがありました。

しかし、そんな状況の中でも、生産性が上がっていない、モチベーションがもうひとつ上がっていない、という現実は間違いなくあったのです。

あまり仕事がうまくいっていない、失敗をしてやり直しがよく起きている、他部署との関係で意思統一がうまくできずに苦労している、といった声も上がって

きていました。

そうした部署に、「自工程完結」を導入すれば、相当うまくいくようになる、ということを実感してもらう機会を、早く作りたいと、私は考えるようになりました。

それまでは、「こんな方法がありますよ」と教えても、なかなか応用できない。そこで、「こんなふうにやっていきましょう」「使っていきましょう」ということを、実際に部署の中に、自工程完結推進室のメンバーが入り込んでやっていくことにしました。コンサルティングのようなものです。

「自工程完結」なら、どんなふうに問題解決をしていくか、実際の業務を一緒に遂行しながら、「自工程完結」の考え方を学んでもらうことにしたのです。手間暇はかかりますが、数百人を前に一斉に語りかけるのと違い、やはりじっくりコンサルティングをしていくと、まったく違いました。大変さはありますが、効果は大きいと感じました。

そして一度、これが成功したら、体験した社員たちが周囲に宣伝してくれるようになっていったのです。「自工程完結」は使える、うまくいく、と。その意義をわかってくれる、よき理解者になったのです。

コンサルティングをスタートさせたのは、「自工程完結」の取り組みが始まった二〇〇七年から二年ほど経った、二〇〇九年頃からでした。

自工程完結推進室の社員をコンサルタント的な立場に置き、実地で組織に根付かせていく取り組みを強化するようになりました。

まずは部門長にアプローチして、問題の多い業務をヒアリングします。その業務の改善を、自工程完結推進室の社員コンサルタントが支援することを提案します。それで、よしやろうか、ということになれば始める。

取り組みはじっくりです。早ければ数カ月、というものもありますが、多くは年間計画で進めますから、一年くらいはやっています。業務によっては、社員コンサルタントが複数名行くこともあります。

業務を見える化したり、やり直しを減らしたり、といった問題解決なら一人で、開発で一年ほどかけて支援するものは二人で入ったりします。取り上げる業務の内容や大きさによって人数を変えます。

組織に入っても、すべての業務で「自工程完結」を導入するわけではありません。ある一つの業務で成功体験を作って出ていく、というスタンスです。

お題目を唱えているだけではうまくいかない

「自工程完結」を導入して、多くのケースでうまくいかないときに見えてくるのは、どうしても「心がけ」の世界になってしまうことです。「目的・ゴール」「最終的なアウトプットイメージ」「プロセス／手順」「判断基準」「必要なもの」「知見の伝承」という各ポイントについて、頭ではなんとなくわかっているけれど、実際に落とし込んだときに、かなり甘いものになってしまう、というのもその一つです。

プロセスの分解の仕方が少し緩くなってしまったり、必要なものもまったく足りていなかったり。どんなに成果の出る可能性を秘めた取り組みも、やはりお題目を唱えているだけではうまくいかないのだ、ということを、あらためて認識しました。

そして印象として特に感じるのが、どうもベテランほど受け入れに難ありの傾向がある、ということです。そもそもベテランは、「自工程完結」のみならず、新しい取り組みのようなものをすべて嫌がることが多い。これまで自分はそれなりにできているのだから、いいじゃないか、という論法です。

もともより「自工程完結」の場合は、日常業務とは別に時間を取り、自分の仕事のプロセスを洗い出したり、どんなふうに意思決定をしているのか、「判断基準」や「必要なもの」を明らかにしたり、またそういうことをすべて書面に落としていかないといけません。

大変な仕事になるわけですが、これを出したところで、自分のメリットにはならないんじゃないか、ということです。そんなことよりも、自分はよく業務のことはわかっていて、できているという自負がある。

時間をかけて面倒なことをして、いったいどんな得が自分にあるのか、教えてほしい、というわけです。そして自分の仕事はクリエイティブだ、特別だ、と思っている。

しかし、実際に仕事を洗い出してみると、そんなことはないわけです。ほとんどどがロジックの積み上げでできてしまうのです。本人も「自工程完結」でやってみれば、正確性が高まっていきます。これまで勘でやっていたものが、きちんとロジックで考えられるようになる。仕事の精度も高まるし、何よりスピードが速まります。

実は本人にとっても、いいことづくめなのです。それがわかっていても、なかなか踏み出せない。そこが一つの課題でした。

実はもう一つ、このトヨタの新しい考え方は、とりわけスタッフ部門の社員にはピンとこなかった、何よりの理由がありました。それが「自工程完結」という名称であり、工場の現場から始まっていたということです。

生産現場とスタッフ部門の仕事は、もちろん違います。現場でうまくいったものが、必ずしもスタッフ部門の仕事でうまくいくわけではない、という認識があっても仕方がないと思います。

そして「自工程完結」という名称もそうですが、どうしても言葉がスタッフには馴染みのないものになってしまった。こうした言葉や概念は、長く工場で仕事をしてきた人には、すんなり受け入れられるものですが、スタッフ部門にはそうではなかった、ということです。時として、拒否反応が出てしまう。それをあらためて、痛感することになりました。

そこで、できるだけ専門的な用語を使わない。それこそ「自工程完結」という言葉を使った瞬間に、「なんだか難しそう」「自分の仕事には関係なさそう」というイメージを持たれてしまうので、この言葉すら出さない、ということも増えていきました。

「必要なもの」も、もともとは技術用語で「良品条件」という言葉を使っていました。これも技術用語から、できるだけ一般用語にしようと変えていきました。

トヨタの新しい考え方は「自工程完結」という名称であり、これは海外にも広まっていますが、この用語をなるべく使わないようにしていきました。多くのスタッフ部門の方々に、名称ではなく考え方そのものを知ってほしかったからです。

なぜなら、生産現場に限らず、仕事を大きく変えることができるから。生産性向上とモチベーションアップなど、多くのメリットが得られるからです。

また、必ずしもすべての業務で「自工程完結」を完遂しなければならない、ということにもこだわりませんでした。失敗が多い、うまくいく方法がわからないといった業務だけに取り入れればいい、ということです。目的はすべての業務を「自工程完結」させることではなく、結果を出すことだからです。

業務職の仕事領域で、わかりやすい成功事例が生まれた

「自工程完結」は会社方針で、全社展開で推し進めていきました。しかし、トップダウンでの推進だけでは、どうしても大きなプロジェクトや組織の目立つ所にしか目が向かないのではないか、という心配が私の中にはありました。

そこで、取り組みを進めたのが、トップダウンで会社方針として進めていくほかに、草の根的に組織のボトムアップとして「自工程完結」を行っていくというものでした。特に「業務職」の仕事領域において、です。

いわゆるアシスタント的な仕事をしている人たちですが、伝票の処理などのルーティンの仕事も多く、またその一方で高い難易度が求められるものもあり、失敗が多かったり苦労をしたりしている、という声が聞こえてきていました。こう

した業務の「自工程完結」は、まずはスタッフ部門への導入として、大きな意味を持つと感じました。わかりやすい成功体験として理解してもらえる、と思ったのです。

何より「プロセス」の整理ができます。これまでも業務マニュアルのようなものを整備していた組織はありましたが、ほとんどが「アウトプット」が記されているだけのものです。どうやって、そうしたアウトプットを出していくのか、という意思決定のプロセスは記述されていない。それでは本当の意味でのマニュアルにはならないのです。

例えば、会議の案内を出す。一口に会議案内の発行と言っても、いろいろなことを事前に考えなければ、正しい会議案内を出すことはできません。

まず会議の目的は何か。どんな人を集めなければならないか。関連部署はどこになるのか。いつまでに開かないといけないか。決定事項はどこに反映させるか。どんな資料が必要か。パワーポイントを映写できる設備のある会議室にするかどうか。テレビ会議の設備はいらないか……。

会議案内を書くということだけでも、たくさん考慮しなければならないことがあるのです。よほどのベテランで、何度も会議案内を出しているスタッフなら、すぐに必要なことが出てくるかもしれませんが、もし新規の担当者になったらどうなるか。実際、担当者が替わったとたんに仕事が進まなくなってしまうケースは、たくさんありました。

このとき、経験値を持っている人たちのノウハウが洗い出されてマニュアルになっていたら、業務は大きく効率化すると考えたのです。新規担当者が使うだけでなく、既存の担当者がチェックリスト的に活用してもいい。業務マニュアルがしっかり整っていることは、スタッフ部門の仕事の「工数」削減にも効果があるのです。

さらに、自分たちでマニュアルを作り、それを改善していくことは、一つのモチベーションアップのツールにもなります。ですから、上司がしっかり時間を作ってくれさえすれば、きっと良い効果を生むと思っていました。

そして、実はここから、とてもわかりやすい成功事例が次々に出てきたのでした。第1章で紹介した品質保証部の事例もその一つ。そのほかに、社内でも高い評価を受けた二つの事例を、ここでご紹介したいと思います。

この仕事は、今やもう必要ないのではないか？それでも「やめられない仕事」

一つ目の事例は、国内部品部の取り組みです。メンテナンスや故障、事故などに対応するための補給用部品を、共販店を通じて販売店や修理業者へ供給します。需給調整や販売促進が主な業務です。

もともと、新車購入と同時にお客さまが買われるカーナビゲーションなど、カーライフをより便利にする商品も一緒に扱っていた部署でしたが、二〇一一年の組織変更でこのような商品の企画業務が別の組織に移り、部員が半減して五五人になりました。しかし、用品を供給している共販店の窓口として、実際には業務はそれほど減っておらず、人が半分になって組織内には危機感が漂いました。

それまで、ベテラン業務職のノウハウに頼った業務改善はありましたが、思い切った業務改廃には至っていませんでした。そこでまず、二〇一二年後半から始まったのが、「自工程完結」の考えをベースにした「業務仕分け」でした。

きっかけは、一人の女性社員の声だったのだそうです。彼女は手間のかかる仕事を担当していましたが、これは本当に必要な業務なのか、昔はそうだったのかもしれないが、もしかしたら今は必要とされていないのではないか、という疑問を持つようになっていました。

そこで部長が決断したのが、廃止・削減を前提に検討会を月に一度、開催することでした。部のメンバーから「目的を失ったのではないか」「単なる慣例で意味のない仕事なのではないか」と思える業務を挙げてもらい、部長、室長、グループマネージャーで審議する。そうした仕事にメスを入れていかなければ、これ以上の業務改廃はできないと考えたのです。実にここで、二〇件もの仕事が改廃されることになりました。

最初に提言をした女性の仕事も、その中に含まれていました。例えば、「実績管理」と呼ばれていた業務。実績は月末で締まれば出てきますが、その月末が締まる前に、毎月二〇日時点での「見込み」を作っていたのです。二〇日時点で、今月がどうなりそうか、という実績見込みです。

これが、かなり細かなやり方を求められていました。かなりの工数もかかっていた。しかし、二〇日時点の実績見込みですから、最終的に月末の数字が当たるかどうかもわかりません。いったい何のための業務なのか、不明確だったのです。

実は、車両営業部という新車を販売する部門でも、同じように「実績管理」が行われています。しかし、車両営業部の場合は、二〇日時点の数字をもとに、残り一〇日でどのくらい頑張る必要があるか、販売店にお願いしたり、配車調整したりできるという目的がありました。

おそらく、車両に揃えて、部品も同じように二〇日時点の「実績管理」を作るべきだと、過去に誰かが考えたのでしょう。しかし、部品の場合は、二〇日でこれだけなので残り一〇日で云々、といった使われ方はまったくしていなかったのです。メンテナンスや事故対応で使われる部品です。販売店に頑張ってもらうような種類のものでもない。

つまりは、ただなんとなく、二〇日時点で見られているだけの資料だった、ということです。会議で配付されてはいるものの、なんとなく見ているだけ。大変な手間がかかっているにもかかわらず、です。

後工程で活用されることのない、惰性のように続いていた慣習だったのです。

しかも、その作成に年間一二〇時間も要していました。

「これがなくなったら、すごく困りますか?」という聞き方

もう一つ、彼女の担当でこんなものがありました。地区担当員会議という月次の会議が行われており、そこで伝えたいことを集約して一枚の用紙にまとめたシートを作っていました。

資料がたくさんあると、読み込むのも大変。地区担当員は資料の内容を共販店に伝えていくことになりますが、何が重点ポイントになるのか、まとめられたものが欲しい、という要望があって、おそらく作られ始めたのではないか、ということでした。

しかし、会議ではそのシートではなく、たくさんの資料を使って詳細な説明が行われていました。もとより、大事なことというのは、一行や二行で伝えられるものではないことがわかり、結局、たくさんの資料で説明をしていたのです。

では、せっかく作った一枚のまとめシートはどうなっていたのかというと、目次のような飾りになっていた、ということです。にもかかわらず、その作成には、年間二〇〇時間も要していました。

では、本当にこのまとめシートが必要なのか。作り手側は、うすうす、こんなものがいるのかな、と思っていた。そこで、「このシートはいりますか？」という質問をしたら、地区担当員は、「いります」と答えた、と言います。

もらう人たちにとっては、あって当然のものなのです。だから、「いるか？」と聞かれたら、「いる」と言う。それまでにも「いりますか？」という聞き方をしていた。そうすると「欲しい」という声が返ってきたので、やめることはなかったのです。

そこで、こんな聞き方をしたのだそうです。

「これがなくなったら、すごく困りますか？」

すると、こんな返答になりました。

「いや、あったほうが安心だけど、なくなっても困らないかな」

聞き方ひとつで、相手の「欲しい」のニュアンスはずいぶん変わってくる、と

後工程への問いかけ方ひとつで成果に差が出た

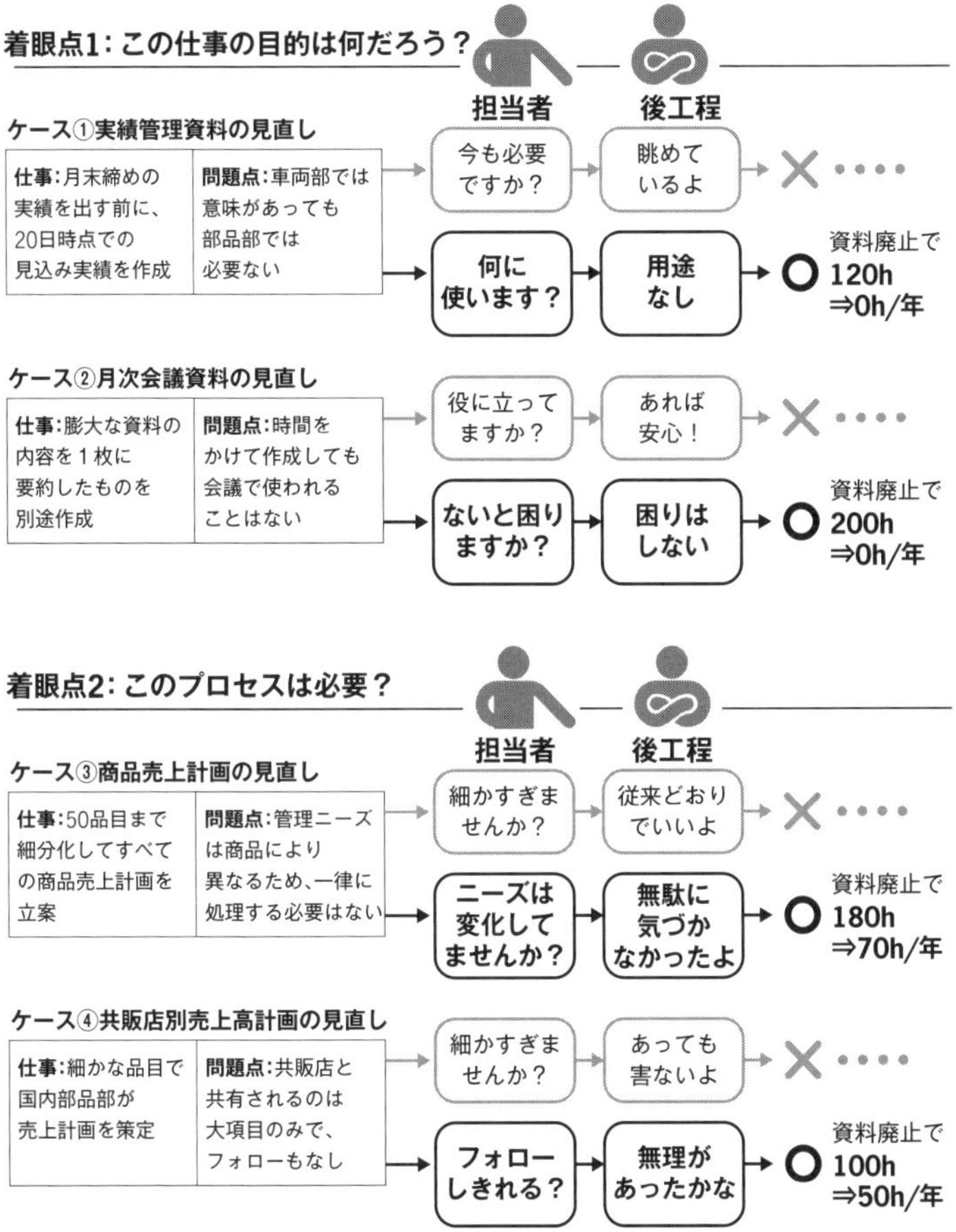

いうことです。要するに、使途がないのです。

かつては、本当に必要だったのかもしれない。しかし、二〇年、三〇年と経過して、状況もニーズも変わった。結局、なんとなくの思い込みだけで業務が残っていたのです。

これがあったら便利、これはあったほうがいい、などと返されていたら、業務改廃などなかなかできない。ホンネを引き出すうまい聞き方で、実はなくても困らない仕事をあぶり出したのです。

過去から続いているというだけで業務をやっていた

業務仕分けは、ほかにも次々と提案が出て、部全体で二〇件もの業務改廃につながりました。そして年間六〇〇時間の工数を削減できた。しかし、廃止ネタというのは無尽蔵にあるわけではなく、なかなか提言が出てこなくなってきた。

そこで二〇一三年半ばから取り組んだのが、業務の廃止・削減からカイゼンへと舵を切ることでした。ルーティンワークを中心に推し進めていきました。

こんな例があったそうです。五〇品目積み上げで商品売上計画を立案する仕事があった。年間一八〇時間という工数がかかっていた。担当者は思ったそうです。本当に五〇品目も積み上げないといけないのか、と。なぜなら、販促ニーズの薄れた商品もあったからです。

あるとき、異動してきた上司に言われました。

「どうしてそんなに細かいことをやるの。前の部署では、ここまでやっていなかったよ。フォローできるの？」

職場では、過去の例に従って、ただ走っている仕事も少なくありません。おそらく過去の担当者も、こんなに細かくやる必要があるのか、と思っていたのだと思います。部品は細かいほうがいいという時期もあったようです。

実際は、五〇もの細かな品目別に立案しても、後工程に出すのは大括りの提示で十分なため、一〇品目の売上計画に集約しました。適切な立案品目数の見極め、算定方法の標準化などの工夫を重ねて、精度維持と工数削減を両立させたのです。

年間一八〇時間の工数は、七〇時間に削減されました。

個人個人の取り組みから、小集団での取り組みへ

ほかにも、大幅な工数削減に成功した業務がありました。共販店別売上高計画の策定です。国内部品部として売上計画を作っていましたが、共販店の自社計画のベースとして活用してもらう数値です。

これも細かな品目積み上げはやめ、大括りで売上高目標を提示するように変えたことで、一〇〇時間の工数が五〇時間に削減されました。

カイゼンは約一年で三〇件にも及び、年間六〇〇時間の工数削減につながりました。先達たちが長らく続けたやり方にもメスを入れ、ベテランが行っていた、難しいと思われていた仕事にも、思い切ったカイゼンが加えられました。

それまでの二年間の取り組みは、業務の改廃、カイゼンに大きな成果を上げましたが、これらはいずれも個人の提案でした。そこで二〇一四年春からは、組織や集団で「自工程完結」的な動きを模索してみようということで、小集団活動が

開始されました。

　個人から「三人寄らば文殊の知恵」の集団的知恵出し活動にして、職場を活性化しようという取り組みです。

　しかも、組織上の小集団ではなく、部内横断の六チームが編成されました。若手リーダーとベテランサポーターを組み合わせることで、お互いに気づき合う集団を目指したと言います。縦のライン組織では考えつかなかった、横串のテーマが次々に上がっています。

　例えば、「決裁書の保管」。本来はできていて当たり前のことなのかもしれませんが、グループがいくつもあったり、組織改編が何度もあったり、人の異動も頻繁にある中で、過去の決裁書を見つけるのに大変難儀したことが何度かあったそうです。

　原因は、グループによって保管方法や保管のルールがバラバラだったこと。そこで、誰でもすぐに取り出せ、今後も誰もが決裁書の場所がわかるように、決裁書を保管するルールを一つにしたのです。

　小集団活動の中で、「そういえば、あの決裁書はどこにある？　と尋ねられることが多かった」という声から出てきた取り組みでしたが、このほかにも、「共用図書」「部品用語集」「危険箇所安全表示」「機密資料目かくしシート」など、さまざまな成果が生まれました。

後工程のニーズの見極めが仕事の質向上につながる

国内部品部で行われた「自工程完結」の大きな特徴は、部門全体で個人個人が声を上げ、組織風土を変えて、業務改廃やカイゼン、小集団活動に取り組んでいったことです。しかも、改廃提案書なども必要なく、口頭説明でもかまわないと部長は言った、と言います。過剰な事前調査はいらないからと、誰でも提案できることが重視されたのです。

組織内では、当初は「自工程完結」という言葉にピンとこなかったようですが、業務改廃のケースを見ても、こうした取り組みはまさに「自工程完結」でした。

実際、後工程に不要な情報を送らないようになった。その結果、後工程は無駄な仕事をせずに済むようになったのです。これこそ、自工程で完結させた取り組みです。

結果的に、仕事に向かう視点が大きく変わった、と言います。やめても困らない資料を作っていたことで、部内も非効率になっていたけれど、余計なものを作ることで、実は後工程の担当者や共販店も非効率にしていたことに気づいたと言うのです。

いらないものが来なければ、その段階で工数削減できる。生産性を上げられる。つまり、前工程の取り組み次第で、後工程の生産性を変えることにもなるのです。

ましてやそれを作っている人にとっては、いりもしないものを作らされるということで、大きくモチベーションが下がってしまう。もしかしてこれは必要ないのでは、と思いながら、一生懸命に資料づくりに頑張る、というのはむなしいものです。

確かに後工程の役に立っている、誰かの役に立っている、という実感があるからこそ、頑張れるし、やりがいも生まれる。そのためにも、いらない仕事、無駄な仕事はどんどん排除していかなければいけません。

昔からやっているからというだけで、惰性で行われている業務はないか。後工程のニーズの変化を知らずに続けている業務はないか。そうした意識を持って業務を見直してみることも、「自工程完結」にほかならないのです。

また国内部品部では、ベテランの仕事にも「自工程完結」の目を向けました。仕事に慣れているベテランは、無駄な仕事と思いながらも、何かを変えるエネルギーのほうが、実はストレスになったりします。

だから、今のままのほうがいい、という保守的発想になりがちです。ベテランも多い職場ですが、思い切った取り組みを進めました。

ちなみに、業務仕分けで改廃が決まり、なくしてしまった業務で、後で困って復活した業務は、一つもないそうです。

経験者にしかできない複雑な「引き継げない」仕事

二つ目の事例は、部品事業部の国連向け部品手配業務の改善です。約一六〇名が所属する部品事業部では、二〇一〇年頃から「自工程完結」に基づいた活動を推し進めてきました。主に海外に向けた仕事を中心にしているセクションであり、お客さまが見えづらく、お客さまに対する意識を高めるための取り組みを進めていました。

その後、二〇一二年からは、女性のスタッフを中心に一五チームを組み、実務に即したカイゼンを、「自工程完結」のポイントを参考にしながら実践していくことを始めました。

部品事業部は、補給部品を幅広く海外のお客さまに提供しています。その一つのセクションが、アフリカ・国連チーム。トヨタのアフリカ代理店への補給部品供給と、全世界の国連各機関への補給部品供給を担っています。今回の事例は、後者の国連向けの仕事をしている業務職のストーリーです。

トヨタは国連機関に車を販売しています。販売の窓口になっているのは、アフリカ部の中の国連・直販グループですが、トヨタから出荷した車に、現地で何かしらメンテナンスが必要になったとき、必要な補給部品については、国連から直接オーダーが入ってくることになっています。国連の中にサービス機能があり、現地には部品だけを送っているのです。

ミャンマー、ハイチ、コンゴ共和国などに展開するPKOの組織やWHOなど、世界の国連機関に補給部品を供給していますが、その多くがアフリカに集中しています。しかし、補給部品の販売に際して、通常、アフリカ代理店は関与しません。届けるのも直接ですが、取引も直接になる。商社も介在しません。したがって、トヨタと国連との直接の取引になるのです。

部品手配業務には大きく三つの流れがあります。見積もり作成、オーダー手配、そして入金フォローです。見積もりは品番や運賃、価格を確認し、見積書を作成する。入金フォローは、入金期日超えの案件フォローだけですので、それほどの難易度はないのですが、問題はオーダー手配にありました。

アフリカ代理店などのトヨタの取引先であれば、例えばこうした部品のオーダーは、必要な項目を代理店とのネットワークシステムに入力するだけで終了することができます。しかし、国連は代理店ではありません。システムも連係していない。したがって、オーダーは一つひとつ、細かく、確実に項目をチェックしていく必要があるのです。これが一七項目にも及びます。

国連の仕向先に送るためのマスタ手配、一つひとつのオーダーに必要な決裁書、部品を実際に出荷するためのインプット調整……。システムを使う仕事でも、複雑なプロセスを経なければいけない業務。やっかいでセンシティブ、大変な仕事、というのが、担当者たちの共通した認識でした。

当時はベテランも多く、それまでの経験でこの複雑な業務をなんとかこなしていました。ところが、産休などで人が減り、新規担当者が加わったことで、問題点が見えてきたのでした。

病気になっても代わりにできる人がいない

業務は専任ではなく、担当者はアフリカ代理店の仕事も行っています。国連の仕事につきっきりになるわけにはいかない、ということです。

そんな中で、かつてこの仕事の経験もある業務職が、産休・育休を経て五年ぶりに戻ってきたのだそうです。そうすると、業務をほとんど忘れてしまっていることに気づいた。そのくらい複雑だったということです。業務手順を書いたマニュアルは、個人個人は持っていますが、全員が共有するようなものはありませんでした。

個人のマニュアルは、担当者によって内容がバラバラ。書き方も本人がわかればいい、というものなので、とてもほかの人には使えない。

基本的に、国連の業務は一人ひとりで仕事を完結させていた、と言います。途中で誰かに引き継ぐ、ということもなかった。したがって、自分なりのやり方でチェックリストを作るなどして、きっちりとオーダー手配の手順が踏まれていれば、それでよかったのです。

ところがメンバーの変更で、チームリーダーに加えて産休・育休復帰者と、新規担当者二人の四人だけという体制になってしまいました。

こうなると、チームリーダーに大きな負荷がかかります。すべての質問が寄せられてしまうのです。毎日のように、いろんな質問が押し寄せてくる。それこそ、もし病気になっても、代わりにできる人がいないので休むこともできない。もちろん、ミスもできない。大量のオーダーを、ビクビクしながら対応するという状況になっていたのだそうです。

記憶頼みの暗黙知作業、そして属人化という課題をクリアすべく行われたのが、「自工程完結」のポイントの一部である業務の洗い出しであり、それをマニュアルに落とし込んでいくことでした。

最初に行ったのが、それまで使っていた一七項目の「オーダー手配」の帳票の見直しでした。

オーダーごとのその場対応。毎回、手書きでの管理。実施すべき必要な要件項目がリスト化されていない……。このままでは、抜け・漏れが発生してしまう危険がある。毎回、作業を考えるために時間もかかる。また、担当者によって業務にばらつきがあることもわかりました。担当者それぞれが、個人の経験と技量だけでやっていたのです。

このままでは、もしかするとお客さまに迷惑をかけてしまうおそれがある、という危機感を持ったと言います。

ただ、業務が多忙な中で、いきなり詳細なマニュアルを作ることは難しい。そこでまずは、最小限のマニュアル化からスタートしました。それが、第一段階でした。

必要な内容を記載していく社内の帳票に、一七項目のチェックリストを貼り付けて、作業を統一したのです。その結果、やるべき作業項目が明確になり、オーダー状況の把握が容易になりました。スタッフは自信を持って仕事ができるようになっていきました。

約半年で誰でもわかるようなマニュアルが作り出せた

そして第二段階では、帳票のシステム化とマニュアル化を実現させました。システムの画面をコピーしてマニュアルに貼り付け、初心者でもわかるようにしました。何を使うか、誰から情報を入手するか、どうやってやるか、どのような知識が必要か、が記されました。

マニュアルは、プロセスごとにラベリングされて、きわめて見やすくなり、プロセスごとに「なぜその作業をしなければいけないのか」が書き記され、それぞ

国連への部品手配業務の改善

第一段階は最小限のマニュアル化を行った

手書きで帳票に記入していた

帳票に17項目の
チェックリストを貼って作業を統一

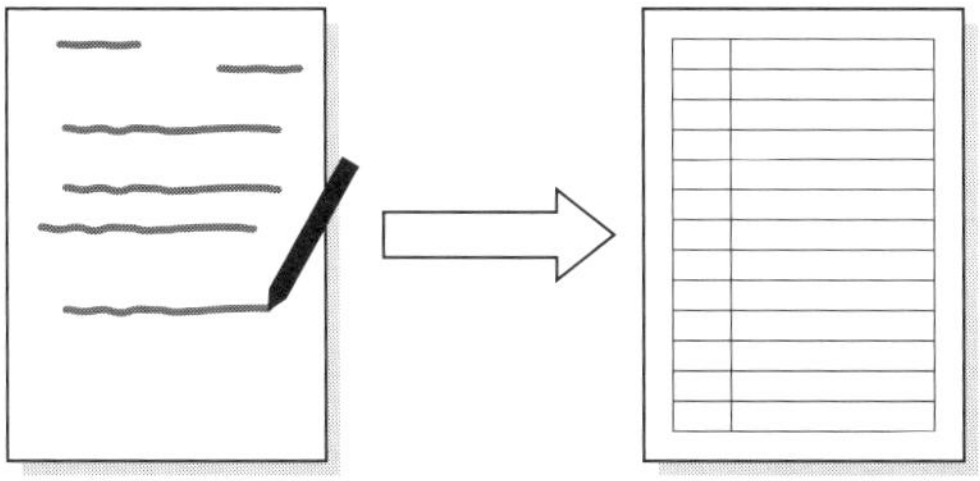

○抜け・漏れが発生していた
○毎回作業を考えるため時間がかかった
○担当者による業務のばらつきがあった

●やるべき作業項目が明確になった
●オーダー状況の把握が容易になった

自信を持って仕事ができるようになってきた！

第二段階はシステム化+マニュアル化を行った

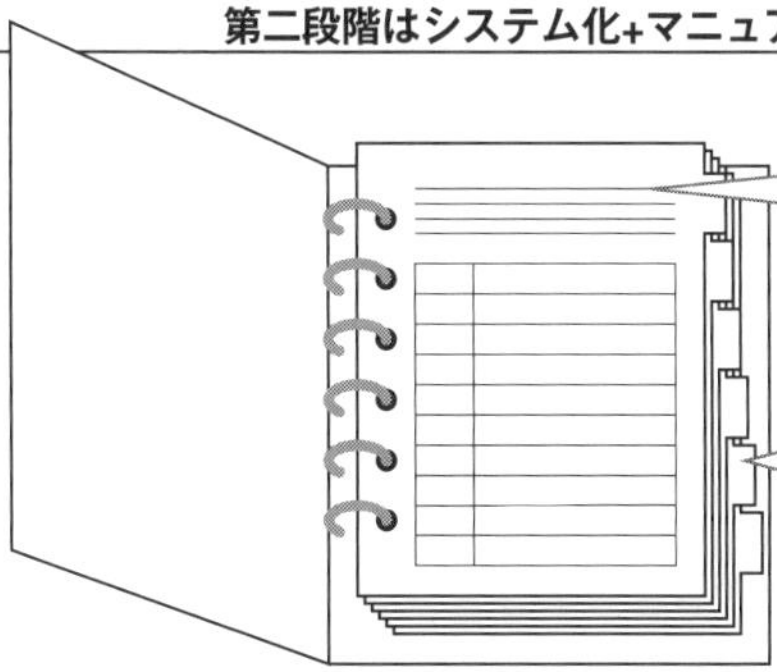

●プロセスごとに
『なぜその作業をしなければならないか(理由)』を明記
●わかりにくい用語を解説

●プロセスごとにラベリングし、見やすさ抜群!!

システムの画面をコピーし、
初心者でもわかるマニュアルに！

・何を使う
・誰から情報を入手する
・どうやってやる
・どのような知識が必要

記憶頼みの作業から解放された！

れの作業の目的が明確化されました。また、わかりにくい用語には解説が付けられました。

新しい取り組みを進めて、約半年で誰でもわかるようなマニュアルが作り出せたのです。さらにマニュアルを作った後、当時のまだ経験の浅い担当者に見てもらい、新規担当者の目から見て、こんなことも書かれてあるといい、という内容も加えて、アップデートを繰り返していきました。マニュアルは、紙でも見られますし、ウェブ上で見ることもできます。

このマニュアル作りを引っ張ったチームリーダーは、新人時代も業務マニュアルを使ったことはほとんどなかったと語っていました。自分なりに見て、自分でメモして覚えていったりした。しかし、マニュアルを作っていく過程で、マニュアルの重要性を認識したそうです。

新規担当者が増え、忙しくなってくると、気持ちも焦ってきます。そういうときには、ミスが最も発生しやすい。それを担当者は恐れていました。幸い大きなミスは起こらなかったものの、とても大きな危機感を持っていました。

忙しい仕事の合間を縫ってマニュアル作りは進められましたが、小さな隙間時間をうまく活用したそうです。業務職は、デイリーでやらなければいけない業務を抱えているケースが多いですから、丸一日、マニュアル作成などに充てることは難しい。そこで、空いている時間をうまく使ったのです。

最初にやることをしっかり決めておけば、日々コツコツと、少しでも空いているときに、空いている人がアップデートしていくことができる。それを実感したと言います。

マニュアルがなければ、人に尋ねるしかなかった

通常の一般代理店向けとは異なり、お客さまと直接取引をするため、イレギュラー作業が多く、時間がかかっていた国連向け部品手配業務も、「自工程完結」の考え方を用いた詳細なマニュアルという標準化の取り組みを推し進めたことで、業務改善につながりました。

簡易的なマニュアルのみで新規担当者には理解困難だったものが、標準化する

ことで、誰がやっても成果が出せる体制を作ることができたのです。

経験者から新規担当者への円滑な指導が可能になったことで、新人に業務を引き継ぎ、チームリーダーも安心して休暇が取れたり、産休に入れたりするようになりました。

また、マニュアルはすべてＥｘｃｅｌで作成されているため、メンテナンスが容易にでき、誰でもＰＤＣＡが回せるようになりました。記憶頼みの暗黙知作業から解放されたのです。

実際、その後も新規担当者が加わりましたが、貿易実務の経験がまったくなかったにもかかわらず、すぐに業務を担うことができ、とても好評のようです。もし、このマニュアルがなければどうしたか、と尋ねると、周囲の人に尋ねるしかなかった、とのこと。それだけ、周囲の生産性を落としていた可能性があります。

特に重宝しているのは、備考欄の存在だそうです。この送付先やこのプロセスのときに、過去にこんなトラブルがあった、というメモが備考欄に書かれているため、それを事前に回避して仕事を進めていくことができるということです。

また、自分が新規担当者として業務をする中で、少しでもわかりにくいなと思うことがあれば、マニュアルを自分自身でアップデートしていくことができます。いつ、誰が、どんなアップデートを加えていったのかも、わかる仕組みが作られています。

大きな問題が起こったりしたときは、担当者が集まってミーティングを行い、修正点を全員でしっかり共有するようにしているそうです。

表面的ではない取り組みに変わっていった

会社方針の一つにもなっている「自工程完結」推進は、社内でその取り組みを評価する仕組みがあります。優れた取り組みは本部内で審査され、全社の大会に出て発表し、表彰されるチャンスもあります。

今回取り上げた事例は、いずれも本部内で高い評価を得て全社大会に出場し、表彰されたものです。

取り組みを進めた後に、本部や全社で発表する機会があるというのも、社員にとっては一つのモチベーションになっています。

部品事業部では二〇一三年以降、部員全員、二五チームで「自工程完結」の取り組みを推し進めています。

といっても、先にも書いたように、社内では「自工程完結」という名称での取り組みや、厳密にポイントを押さえていくやり方に、必ずしもこだわっているわけではありません。

二〇〇七年の「自工程完結」全社展開のスタート時点では、研修やeラーニングなどを通じて、「自工程完結」の考え方についてしっかり学んでもらうようにしていました。しかし、言葉にどうしても馴染みがないことと、やり方を押しつけると、どうしても「やらされ感」が職場に漂ってしまうこともあり、次第に「自工程完結」という言葉を使わない部署も増えてきました。

やってほしいことは「自工程完結」を完璧に実践することではなく、業務のプロセスを洗い出したり、誰でもできるように共有化したりして、社内の生産性を上げたり、モチベーションを上げたりすること。言葉は、ある意味どうでもいいのです。

部品事業部では、「仕事の質改善」「仕事の質向上運動」といった呼び名で、取り組みを進めています。その中で、「自工程完結」的な考え方やポイントの一部を、自分たちの業務改善に合うように取り入れているということです。それでもまったくかまわないと思っています。

チームで取り組みを進めているのは、一人ひとりが仕事の改善を図るだけでなく、チームでやることによっていろんな知恵が出てくることを期待してのことです。チームワークのもとで仕事をし、それが業務改善につながっていくサイクルができ上がってきた、と語っていました。

大きな変化は、若い社員にも問題に対する当事者意識が生まれてきていることです。誰かがやってくれる、ということではなく、自分たちがやるんだという意識が目に見えて強くなったそうです。

そして、仕事の質の向上意識が浸透してきたことを実感するのは、それぞれのチームの成果発表において、「うまくいきました」という発表ばかりではなくなったことだと言います。

「頑張ったけれど、できなかった」「こういうボトルネックがあってできなかった」「でも、その挫折でこういう学びをした」という発表が出てきたのだそうです。文字どおり、表面的な活動ではなくなってきたという思いを持っている、とグループリーダーは語っていました。

第6章

「自工程完結」はトヨタに何をもたらしたのか

「自工程完結」ができているか、気づくことができるシート

「自工程完結」の導入から数年も経つと、「自工程完結」という名称を使うかどうかは別にして、仕事の質を改善させるための動きをしている組織と、そうでない組織には、差が出てくるようになっていきました。

新しい取り組みをやっていない組織は、失敗の数が減らないのです。相変わらず、やり直しを何度もやっている。時間もたくさんかかっていました。また、会議が減っていませんでした。自分たちの業務がどんなふうに走っているのか、よく理解できていないから、すぐに調整会議という名の会議を入れたくなってしまうのだと思います。

しかし、業務プロセスをしっかり洗い出していれば、必要な担当者同士でしっかりコミュニケーションを交わすことができます。事例にもあったように、前工程と後工程でお互いに仕事を理解し、必要な情報を把握していれば、担当者同士

のコミュニケーションで済み、大ざっぱな会議など必要なくなっていくのです。

「自工程完結」的な取り組みを、より意識してもらうために、いろいろなツールも作り、進化させていきました。

例えば、社内で「PDCAレベルアップシート」と呼ばれているものも、その一つです。管理者やスタッフに使ってもらっています。

これは、ある業務において、「自工程完結」の考え方がどのくらいできているかを測るためのチェックシートです。

「仕事の目的」「仕事の目標」「仕事のアウトプット」「仕事の手順」「仕事の途中で特に重要なタイミング」「判断基準」「仕事を実施するにあたって必要な情報・モノ・人の能力・注意点」「段取りをした後の仕事の進め方」「仕事の振り返り」「知見の蓄積と伝承」という一〇の項目について、それぞれ二〜四のチェックリストに答えていく、というもの。

「仕事の目的」であれば、
□お客さまのニーズをふまえたものになっている
□書類に書いてある

PDCAレベルアップシート

PDCA	項目		確認内容	評価
P	1	「仕事の目的（お客様は誰か、何のためにするのか）」について	□ お客様のニーズをふまえたものになっている	
			□ 書類に書いてある	
			□ 上司の合意を得ている	
			□ 関係者・関係部署の合意を得ている	
	2	「仕事の目標（いつまでに、何を、どのレベルまでにするか）」について	□ 書類に書いてある	
			□ 上司の合意を得ている	
			□ 関係者・関係部署の合意を得ている	
	3	「仕事のアウトプット（モノ・サービス）」について	□ 書類に書いてある	
			□ 上司の合意を得ている	
			□ 関係者・関係部署の合意を得ている	
	4	「仕事の手順」について	□ すでにある知見（標準、失敗事例など）を活用している	
			□ 書類に書いてある	
			□ 上司の合意を得ている	
			□ 関係者・関係部署の合意を得ている	
	5	仕事の途中で特に重要なタイミング（要所）について	□ 書類に書いてある	
			□ 上司の合意を得ている	
			□ 関係者・関係部署の合意を得ている	
	6	要所、要所（節目）で次の手順に進んでよいかの「判断基準」について	□ 過去の知見（標準、失敗事例など）を活用している	
			□ 書類に書いてある	
			□ 上司の合意を得ている	
			□ 関係者・関係部署の合意を得ている	
	7	仕事を実施するにあたって「必要な情報・モノ・人の能力・注意点」などについて	□ 仕事をする上で必要なモノは何かを明確にしている	
			□ 仕事をする上で必要なモノを明文化している	
			□ 上司の合意を得ている	
			□ 関係者・関係部署の合意を得ている	

PDCA	項目		確認内容	評価
D	8	段取りをした後の仕事の進め方について	□ 計画書(企画書)又は標準書に基づいて仕事を進めている	
			□ 進捗状況を逐次、上司や関係者・関係部署と共有している	
C	9	仕事の振り返りについて	□ 目標に対してどこまでできたか(結果)を確認している	
			□ プロセスに対して振り返りを行っている	
			□ 振り返り結果を文書に落としている	
			□ 上司の合意を得ている	
A	10	知見の蓄積と伝承について	□ 必要な人が必要な時に活用できるように残している	
			□ 必要な人が書類やデータを活用できるように保管している	
			□ 上司の合意を得ている	
			□ 関係者・関係部署の合意を得ている	

□上司の合意を得ている
□関係者・関係部署の合意を得ている

といった具合です。それぞれで、どこまで深く意識し、取り組みを進めているか、自己評価してもらうものです。

失敗事例を活用できているか。標準書に基づいて仕事をしているか

そして、セルフチェックに基づいて評価し、さらに項目ごとに「工夫していること」「改善したい・しなければならないこと」についても書いてもらいます。

現実的に言えば、ここまでしっかりできている組織は、まずありません。通常は、何かが足りないものです。会社が求めている「自工程完結」の考え方にそわない仕事をしている、ということ。だから、「自工程完結」の考え方を使ってより良い組織にしていきましょう、という認識を深めてもらうためのシートとして使っています。

「ＰＤＣＡレベルアップシート」には、まさに「自工程完結」に基づく仕事のプロセスが並んでいます。意思決定の連鎖と、仕事に必要なものを理解することができます。要するに、こういうことをきちんと考えて仕事をしてほしい、ということです。

「仕事の手順」や「判断基準」では、書類に書いていたり、上司の合意を得ていたり、関係者・関係部署の合意を得ているばかりでなく、すでにある知見（標準、失敗事例など）を活用してほしいのです。

「段取りをした後の仕事の進め方」では、計画書（企画書）や標準書に基づいて仕事を進めていってほしいし、進捗状況を逐次、上司や関係者・関係部署と共有してほしい。

「仕事の振り返り」では、目標に対してどこまでできたか（結果）を確認してほしいし、プロセスに対して振り返りを行ってほしい。さらには、振り返り結果を文書に落としてほしいし、上司の合意を得てほしいのです。

「知見の蓄積と伝承」では、必要な人が必要なときに書類やデータを活用できるよう、残しておいてもらわないといけません。それがしっかりできているか、問われてくるということです。

他部門との連携は、工程改善ソフトを活用

「自工程完結」のもとで、さまざまな仕事のプロセスや仕事のやり方を洗い出すことには、たくさんの利点があると思っていますが、その一つが、何度も触れているように、業務の流れとかかわる組織が見えてくることです。

自分たちの仕事の前工程、後工程がどのようなもので、いったい誰がそれをやっているのかが、はっきりとわかるのです。

実際には、会社の業務はきわめて複雑に入り組んでいます。この意思決定をするために必要なこの情報は、別の部門からもらわないといけない。あるいは、この意思決定は、別の部門の意思決定を経てからでなければできない。そうした業務はたくさんあります。

これがかなり入り組んだ、複雑な組織もあります。そこで私たちは、自動車を

製造する際、工程改善に使っている「TLSC（トータル・リンク・システム・チャート）」という業務フロー図を活用することにしました。

TLSCは、複雑怪奇に入り組んだ自動車のサプライチェーンなど、複雑な工程を見えるようにした図です。例えば、自分の作成した帳表（情報）がどこの部署の仕事に使われているのかがわかります。万が一その帳表が予定した期日までに作成できなかった場合、その帳表の情報を使って仕事をしているすべての部署に、遅れることを連絡する必要があります。

新型車を開発し、生産、販売していくうえで、ある部品の設計情報は、車の生産にかかわる部署だけでなく、車の取り扱い説明書や、販売店でお客さまにお見せする車のカタログなどを作成している部署においても、活用しているのです。

実は一時、業務のプロセスがどのように流れているか、ある部門で壁に紙を張って書き出したことがありました。ところが、これが大変な量になったのです。

この業務プロセスを進めるには、別のこの部門の人たちが決めておいてくれないといけない。そういうことを一つひとつ紙に書き出すと、相当手間のかかる作業になると思いました。

そこで、ＴＬＳＣを短時間で作成できるソフトを使うことにしました。ソフトに必要な情報を入力すると、業務プロセスと各プロセス間の情報のつながりがわかる図が自動で書き上がるのです。また、前工程、後工程がそれぞれに作成したＴＬＳＣをそのソフトで簡単につなげることもできます。

これには、当該部門の担当者も驚いていました。このソフトにより、自部署の仕事の流れを書き出し、前後工程と仕事の流れの不整合を確認・改善する動きが加速しました。

前工程、後工程がどの部門か、はっきりと把握する

例えば、Ａ部署が決めなければＢ部署は決められないのだが、逆にＡ部署が決めるためにはＢ部署のデータが欲しい、といった矛盾が見えてきたりする。どちらかが先に決断をしなければいけないのです。お互いに「あの部署は……」と待っていると、未来永劫決まらない、などということになりかねない。

では、どちらが先に決めるべきか。どんなふうに情報を流すべきか。それが見えてくる。

また、こちらが決めたことがあちらに影響するし、あちらの決めたことがまた、こちらが先に決めたことに影響してくる、といったことがすべてのところで起こりうるのだ、ということにも気づけます。

つまりは、すべての仕事はつながっているのです。前工程であり、後工程なのです。自分たちがきちんと仕事をしなければ、後工程が困る。後工程が何を期待しているのかに気づけなければ、後工程が満足してくれる仕事はできない。こういうことに、どんどん気づいていくのです。

そうすると、部門同士のコミュニケーションがきわめて円滑になります。お互いの仕事が見えることで、すぐに解決方法が見つかるのです。

だから、「自工程完結」に取り組むことで、部門間のコミュニケーションがとてもよくなりました。

もちろん、すべての仕事をすべての部門とつなげていくのは難しいかもしれません。ただ、階層の上のポジションの人たちは、やはり知っておいたほうがいい。

トヨタでは、だいたい三階層から四階層で、全体をカバーするようにしています。部長が見るレベルと、グループマネージャーが見るレベルと、担当者が見るレベルは異なります。部長はより大きな視点で見ていきますから、担当者のレベルまではとても見きれません。したがって、階層が下りてくると、仕事の精度はどんどん細かくなっていきます。自分のカバーすべき範囲をしっかりこなすことが、「自工程完結」の完成度につながるのです。

もちろん、すべての会社にＴＬＳＣがあるわけではありません。もし、似たようなプログラムがあるなら、「自工程完結」の考え方に使うことができます。もし、プログラムがないなら、それこそ大ざっぱでもかまわないので、仕事のプロセスと組織とのつながりを紙に書いて進めることも有効だと思います。

大事なことは、自分たちの業務がどこで前工程になり、どこで後工程になるのか、ということをしっかり把握しておくことです。それぞれのプロセスで、どうつながっているのかを理解することです。そうすることで、前工程、後工程の部門とのコミュニケーションが図れる。これができれば、自分たちの仕事が大きく効率化していく可能性が高まるのです。

「やるべきこと」「やれること」「やりたいこと」

「自工程完結」推進を唱えるとき、私がよくする話があります。人間には、三つのやることがある、ということです。「やるべきこと」「やれること」「やりたいこと」です。

「やるべきこと」と「やりたいこと」がくっついている人は、きわめて使命感の強い人だと思います。これをやらないといけないんだけど、本当はやりたくない、という人は残念ながら、あまりいい仕事ができない。

また、「やるべきこと」と「やれること」がイコールだという人は、端的に能力がある人、ということになるでしょう。

では、「やりたいこと」と「やれること」がくっついてしまった人は何かというと、これは自分勝手、ということになります。

しかし、往々にしてあるのです。「やれること」と「やりたいこと」がくっつ

やるべきこと・やれること・やりたいことのトライアングル

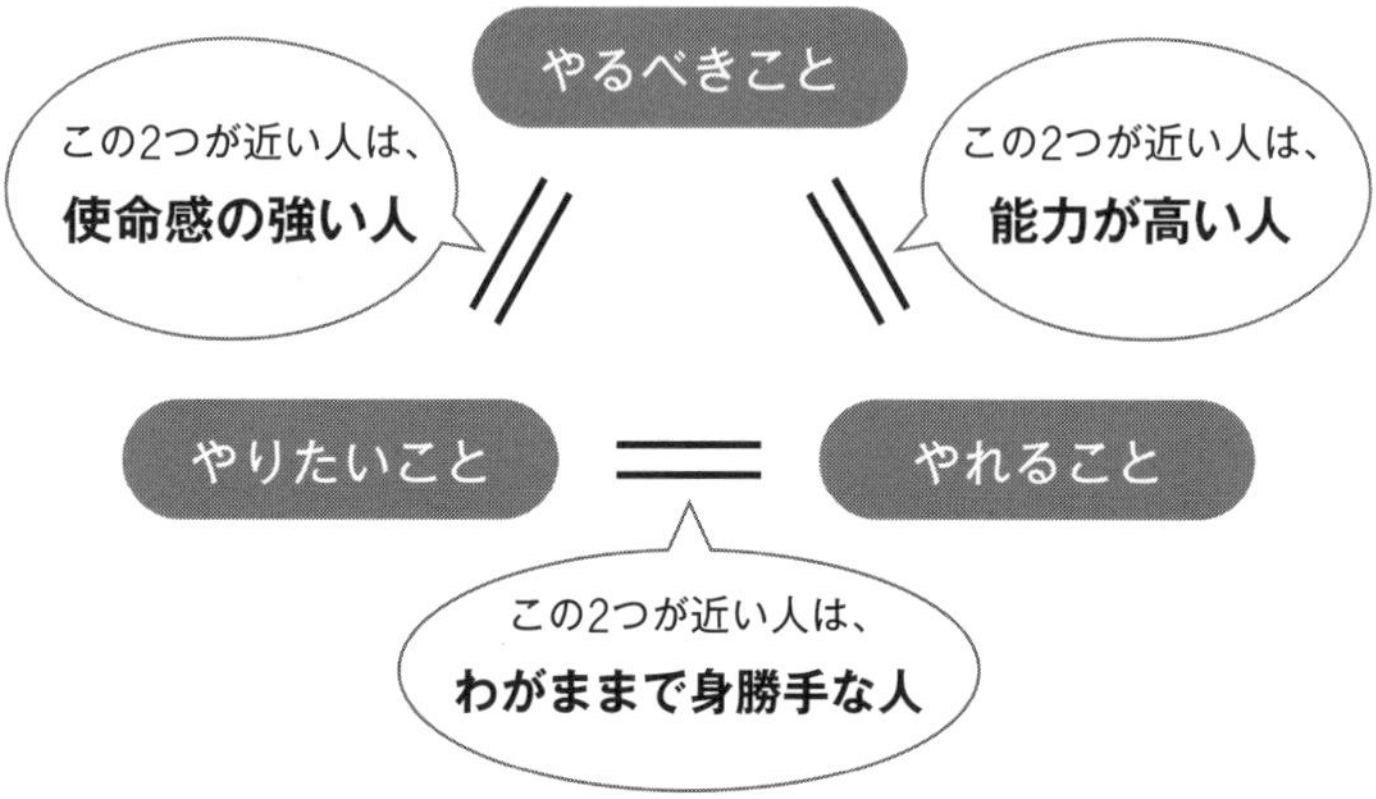

あなたはどの2つが結びついていますか？

いてしまい、「やるべきこと」がどこかに飛んでいってしまう人が、です。だから、「やれること」と「やりたいこと」をくっつけてしまわないように、気をつけなければいけないのです。そのために、「やるべきこと」を常に意識する必要があるのです。

「自工程完結」というのは、すなわちこの「やるべきこと」を意識することが重要で、「目的・ゴール」は何か、というところから始まり、それを達成するために、「プロセス／手順」や「判断基準」「必要なもの」を決めていく。

つまり「自工程完結」があれば、「やるべきこと」と「やれること」をくっつけることができるのです。そこに「やりたいこと」が加わればベストですが、これこそまさにモチベーションということになるでしょう。

「やるべきこと」と「やれること」がうまく合わさって結果が出るようになれば、それはやがて「やりたいこと」になっていく可能性は高いと私は考えています。

三つの輪が、見事に重なってくるということです。

管理者としての能力は「自工程完結度合い」でわかる

「やりたいこと」と「やれること」の組み合わせで仕事をする人が、実は少なくないということに、気づいている人は多いと私は思っています。

例えば、ハイレベルなコンピュータ・ソフトウエアを書いてくる人がいる。しかし、それは何の役に立つのか、と聞いてみると、答えがなかったりするのです。やれるから、やってみた、といった答えが返ってきたりする。

興味があるからやったというだけ。自分の興味を達成するために、考えただけ。しかし、そんなことのために、会社のお金を使わないでほしい、と私などは思うわけです。

なぜなら、会社はお客さまのために存在しているからです。最終的には、すべての仕事はお客さまのために結実すべきなのです。

近年、会社は忙しくなったと言われています。私はこれは、「やりたいこと」

と「やれること」がくっついた社員が増えたからではないか、と感じています。だから、忙しいのです。「やるべきこと」をほったらかしているから、忙しくなるのです。

だからそこに、「やるべきこと」をくっつけるのが「自工程完結」です。そして、ここでもう一つ重要になってくるのが、上司のマネジメントです。「自工程完結」はもともと、実際に働く人たちが、一生懸命にやればちゃんと良いものができる、という環境を作ってあげたい、というところからスタートしました。

しかし、ずっとやってみると、「自工程完結」していないか、というのは、管理能力の話に最後は帰結していく、ということに気づきました。

管理者として、自分の職場を良い職場にする。自分の組織を強い組織にする。これをいったい、どうやってやるのか、ということです。

多くは「心がけ」の世界なのです。飲みニケーションをしたり、「僕は部下を大事にします」と宣言したり。しかし、それは「心がけ」でしかない。

結局、管理者がいろいろ考えているかどうかは、自分の職場で、どの仕事は

「自工程完結」ができていて、どの仕事ができていないかを見れば、明らかになると思っています。なぜなら、管理者はみな、職場の生産性を上げて、部下のモチベーションも上げたいと考えるからです。それをしたいなら、「自工程完結」を取り入れるはずなのです。

管理者の大きな役割は、「やるべきこと」と「やりたいこと」をくっつけてあげられるか、ということです。自助努力、自己研鑽、能力向上も部下には必要ですが、管理者の力が、やはり大きいのです。

現場の強みだけでは勝負ができなくなってきた

日本の競争力低下が危惧されて久しくなりました。産業競争力も、今は二八位まで落ちた、というランキングもあるようです。

日本の産業競争力というのは、品質だったり、生産性だったり、フレキシビリティでした。これは何かといえば、要するに現場の強さだったのだと私は思うのです。

ところが時代が変わって、現場の強みだけでは勝負ができなくなってきた。これこそが、日本の産業競争力を厳しくしている要因だと思うのです。

私自身は、日本の現場は今なお、世界一だと思っています。では、いったい何が足を引っ張っているのか。それこそが、意思決定の遅さです。正しい意思決定が、素早く行われていない。

日本のビジネススタイルは、「とりあえずやってみよう」でした。その後に擦り合わせをし、やり直していきながら、最適化していく、というものでした。

これは、最終的にでき上がったもの、という点では、きわめてクオリティが高いのです。実際、高い評価も得てきた。しかし、時間がかかりすぎるのです。だから、負けてしまう。

そこで、できるだけ時間をかけないでいいところは、かけないでおこう、というのが、「自工程完結」のコンセプトの一つなのです。なんでもかんでも「自工程完結」でバラ色になるとは思っていません。

二律背反を解決できるような画期的なものを生み出すためには、新しい技術なり、材料なり、チャレンジなりが必要になる。そこを早く見つけて、リソースを集中していくことが大切になります。

しかし、意思決定のスピードを速めるというところで、大きなボトルネックになってくるのは、やはりスタッフ部門であり、ホワイトカラーだと思うわけです。日本では今、裁量労働制やホワイトカラーエグゼンプションなど、生産性向上の取り組みを政府が推し進めてくれています。

そこに反対の声も聞こえてきています。反対の声が大きくなって、うまくいかないかもしれない。しかし、そもそも政府の取り組みに頼っていてはいけないだろうと思うわけです。

考えてみてほしいのは、現場は非常に厳しい状況の中で戦ってきたということです。日本は給料が高い。電力はじめインフラも高い。そんな中で生産性を上げ、省エネ技術を開発し、世界で戦ってきたのです。

なのにどうして、ホワイトカラーの効率化に反発するのか。ホワイトカラーの生産性を上げるということに、本気で真っ正面から取り組んだ会社が、はたしてあったでしょうか。現場で生産性や賃金の高さと戦ったほどに、ホワイトカラーは戦ったでしょうか。

やっているかもしれない。でも、それはみんな根性でやっているのです。なぜなら、結果が出ていないのだから。

生産現場が頑張って、スタッフ部門のたくさんの人たちが助けられたのです。

しかし、もう時代は待ったなしになっています。

自動車業界は運がよかったにすぎない

これまでは、生産現場で勝負ができた時代でした。大量生産で良いものをたくさん作れば、売れた時代だった。しかし、ニーズの変化が激しい、難しい、何を作っていいか簡単にはわからない時代が、もうやってきている。

それでも、トヨタは頑張っているじゃないか、という声をいただくことがあります。しかし、私はそうではないと思っています。自動車業界は運がよかったのです。

自動車というのは、新車が売れる、売れないというところの影響力は、多くの人が想像しているよりも、はるかに小さな業界なのです。

日本は今、軽四輪も含めて乗用車の新車は約五〇〇万台の市場です。たくさん売れて六〇〇万台くらいの時期もありました。一時期に比べて減っています。

しかし、こうした状況の中で、実際の市場は、日本の中だけで七七〇〇万台はあるのです。新車の販売台数に対して一〇倍以上と大きい。

要するに、中古車市場が大きいのです。トヨタを含めた日本の自動車メーカーは大きな中古車市場を相手に商売ができる。つまり中古車を売ったり、買ったりするのが商売になるということです。そして新車を売れば、いずれ中古車になる。

新車のデザインがいいとか、利便性が高い、いいナビが付いている、というだけで一瞬売れる車もあります。しかし、それは数年後、中古車になったときには話にならなくなったりします。ナビなんて、五年もすればもう時代遅れになってしまうでしょう。

その意味からすると、デザインがいいから売れた車も、中古車市場に行くと、いくら格好がよくたって中古車でしょう、ということになるのです。そして、もっと格好のいい車は、たくさんあるわけです。

そうすると、中古車の価値というのは、信頼性だったり、耐久性だったり、メンテナンスがよくされている、ということになる。車は、五年くらいではほとんど壊れず、まだまだ新品状態です。新車として売れた後は、まったく違うファクターで流通する世界が待っているということです。

その意味では、最新型の車で少々失敗したり、デザインがいまひとつだったとしても、その後にリカバーする許容量が本当に大きいのです。

こういう業界の特徴から日本の自動車業界は、たまたま運がよかったにすぎないのです。意思決定が少々遅くて、ああ失敗したとなっても、後で取り返すことができたのです。

デザインなんて、相談して決めるものではない

実際、私がベルギーにいた時代に、幸運を痛感したのでした。アジアの自動車

メーカーが、ドイツのメーカーからデザイナーを引き抜いて、斬新なデザインの車を打ち出してきました。

これにはマーケットも敏感に反応しました。実際、格好がいいのです。新鮮でした。だから、売れていった。私たちの予想をはるかに超えるシェアをたたき出しました。

そして私たちが何より恐れたのが、これだけの車に一気にデザイン変更できてしまう、意思決定の速さでした。マーケットのニーズが大きく変化していることを見抜き、思い切った決断をしたのです。

私はかなり以前に、トヨタ社内で、デザインを決める会議に出席を求められて議論をしたことがあります。そのとき、「みんなで決めました」という発言を聞いて、本当に頭にきたのです。デザインなんて、相談して決めるものではないだろう。だからダメなんだ。こんなところに管理を導入してどうするか、と。

今は、トヨタも変わってきました。最終的には役員もチェックしますが、途中で口をはさんだりしない。おかげで、ようやくそこそこ尖ったデザインのものも出てくるようになった。

しかし、当時は、そこまで大胆なものは出せませんでした。思い切ったものにする意思決定が、現場からも出てこなかった。残念ながら、そこが勝てなかった理由だったのかもしれません。

実際、ヨーロッパでの新車販売では、やられました。かなりシェアを奪われました。ところが、それはわずかな期間の話でした。トヨタは後で取り返せてしまったのです。

アジアのメーカーは、ヨーロッパにおける中古車ビジネスが、まだまだできていなかったからです。サービス体制もできていなかった。だから、中古車としての価格が厳しいものになってしまった。

中古車を扱うビジネスモデルとしては、アジアのメーカーはまだまだ弱かったのです。そこに、トヨタは勝ち目があったのです。

自動車メーカーは運がよかったと言うのは、そういうことです。単なる新車販売での競争だけで、勝負が決まってしまうわけではなかったからです。

しかし、それ以外の世界でしのぎを削っている製造業はどうか。新製品の売れ行きだけの競争になったら、どうなるか。意思決定の遅さは、致命傷になりかねません。

意思決定のスピードがきわめて重要になっているのです。みんなで決めることが、意思決定のスピードを遅くするなら、どんなに正しい結論を出しても何も生み出せないと言ってもいい。

こんなことをやっていたら危ない。ホワイトカラーが悠長なことをやっていられる時代は、もうとっくに終わっているのです。

これまでの優位性が、どこまで続くか見えない

自動車メーカーも、これからは大きな変化に巻き込まれると思っています。車とＩＴなど、社会インフラとの融合がささやかれている。これまでの中古車ビジネスが、本当にどこまで有効に作用するのか、もはやわからない時代になってきている。

求められているのは、付加価値です。社会インフラの一つとして生き延びてい

くことができるかどうか。

車は車として、誰からも文句を言われないスタンドアローンでも生き延びていけるとずっと思い込んでいましたが、もうそれも終わりに近づいてきていると私は思っています。

そうすると、変化の激しいIT業界や、何が起きてくるかわからない社会インフラの未来を意識して、事業を展開していかなければいけない。

エネルギー源が大きく変わってしまう可能性だってあるのです。そういう状況変化に、車も対応していかなければいけない。そうすると、かなりの先読みが必要になる。新しい車を計画しました、三年後に出します、などというスピード感では、まったく追いつかない可能性だって出てくるのです。

だから、トヨタも変わらないといけない。生産性向上、モチベーションアップもそうですが、日本企業として、経営スタイル、マネジメントスタイルも変えていかないといけない。

車は社会インフラと、どうシンクロナイズして、どう発展していくのか。もう自動車だけの話ではないのです。

しかし、何か正解が見えているわけではありません。とにかくやってくるのは、そういう時代だということ。

だから、少なくとも言えることは、ホワイトカラーに頑張ってもらわないといけないということなのです。もちろん生産現場も頑張る。でも、ホワイトカラーも頑張らないといけない。余計なことで失敗し、スピードを阻害し、バタバタするような状況は、クリアにしておかなければいけない。

本当のチャレンジ領域にリソースをしっかり投入していくことができるよう、頭を使うのが得意な人たちが、そういう仕事を担えるように、しておかなければいけないのです。

仕組みが悪いばかりに後始末に振り回されるような状況は、避けなければいけない。優秀な人材に、世界一のホワイトカラーを作ってもらわないといけない。

その意味で「自工程完結」をうまく使ってほしいのです。

これまでの仕事は「自工程完結」できていなかった、という気づき

現在、トヨタで新しく役員になる人たちも含めて、役員レベルで「自工程完結」の考え方がわからない人は一人もいません。トヨタ生産方式を知らずに、生産系の役員になる人がいないのと同じ状況が起きています。

「自工程完結」は、リーダーになる人、リーダーを目指す人は、必ず理解しておかなければいけない考え方になっています。

社内の状況も、二〇〇七年からの取り組みで大きく変わりました。何より、気づきが生まれてきている。自分たちが今までやってきた多くの仕事で、「自工程完結」できていなかった、ということにです。

危機感が薄かったのです。私たちが、スタッフ部門の生産性向上、モチベーションアップのために「自工程完結」を導入すると言い出したときには、「自分たちの仕事はクリエイティブである」

「そのような現場の考え方は関係ない」

という答えが真っ先に返ってきたのです。その裏側には、相当な自信があったのだと思います。自分たちだって一生懸命にやってきたんだ、という。

ところが、「自工程完結」を取り入れてみて、わかったのです。自分たちがやっていたのが、単なる「心がけ」だったのだということに。科学的なものではなかったということに。そしてスタッフ部門の仕事も、「自工程完結」で大きく変えられるということに。

実際、ある部門で「自工程完結」を取り入れてうまくいった部長が、別の部に異動になって、それまでまったく組織内に広がっていなかった「自工程完結」を取り入れて、うまくいくケースが次々に生まれています。

また、「自工程完結が重要だ」と旗を振っている部長や担当役員を部下が見て、「昔はまったく違うことを言っていたのに、すっかり別人のようだ」と思うことも少なくないようです。

いずれも、「自工程完結が結果を出せるからこそ」です。生産性が上がり、部下のモチベーションも上がるから、仕事がうまくいくからです。

だから、こうした今の空気を壊さないようにしたいと思っています。

効率のいい会社というだけでは生き残れない

そしてもう一つ、「自工程完結」を使ってホワイトカラーに時間ができたとき、さらなる付加価値をどう付けるのか、ということこそが、次の課題になると私は考えています。

ときどき誤解を招くことがあります。「自工程完結」だけをやっていればいいのですか、と。いいえ、「自工程完結」というのは、みんなが本来の仕事をやるため、失敗を減らすための考え方です。だから、失敗が減って時間ができたとき、次のステージに移っていないといけないのです。

この意識を持っていない人たちが「自工程完結」をすると、「自工程完結」しただけで終わってしまいかねない。それでは、単なる効率のいい会社になってしまいます。

効率のいい会社、というだけでは、これからは生き残ってはいけない、と私は思っています。何より、お客さまがそれを求めているわけではないからです。だから、「自工程完結」というのは、「次にこれをやりたい」「これをやるんだ」ということろに行くまでの下準備くらいに考えておいてもらわないといけない、と私は思っています。

そうは言っても、「自工程完結」はなかなか完結しません。なぜなら、「自工程完結」に終わりはないから。エンドレスなのです。追求し続けなければいけない。逆に言えば、だから、「自工程完結」は目的にはなりません。「自工程完結」を目的化してはいけないのです。

大事なことは、お客さまのために新しい何かを生み出し続けていくこと。その環境を作っていくことです。

これからトヨタは、何にチャレンジをするのか。どんなすごいイノベーションを生み出すのか。私はすでに第一線を離れていますが、だからこそ、とても楽しみにしています。そしてそこで、「自工程完結」が少しでも役に立ってくれたなら、心からうれしく思います。

そしてもし、日本の産業界の活性化に「自工程完結」が少しでもお役に立てたなら、本当にうれしい限りです。

おわりに

大事なことは、ぶれることなく続けていくこと

「自工程完結」はトヨタの社員にとって、トヨタでリーダーになる人にとって、必ず理解しなければならないものになっています。自ら仕事を推し進めるだけでなく、チームのメンバーと一緒に仕事をするときにも、必ず持っておかなければいけない考え方だと、トヨタは考えています。

その意味で、「自工程完結」について初めて詳しく著した本書は、トヨタでリーダーになる人の仕事の教科書、とも言えるかもしれません。

「自工程完結」の社内への浸透は、とりわけスタッフ部門、ホワイトカラーに関しては、まだ道半ばにあります。もっともっとリーダーにしっかりと理解してもらい、実際の業務に取り入れ、仕事の質を高めていってほしいと考えています。

また、「自工程完結」は、担う仕事が大きくなればなるほど、真価を発揮しま

す。トヨタには一〇〇〇人を超える社員がかかわる新車開発などのプロジェクトもありますが、このときに「目的・ゴール」「最終的なアウトプットイメージ」「プロセス／手順」などが共有され、後工程のことを考えた仕事をしていかないと、大変なことになります。

実際、それまでも大きなプロジェクトは本当に時間がかかっていました。しかし、「自工程完結」の考え方をみんなが共有しつつある今は、大きく違っていると思います。大きなプロジェクトも、一気にスピードアップしていくということです。

こうした新しい取り組みを進めるときには、私は一つ、とても大事なことがあると思っています。それは、ぶれることなく続けていくということです。

実際、トヨタの基盤を作り上げたのは、トヨタ生産方式だと世界で言われますが、なぜトヨタ生産方式がうまくいったのか。それは、ぶれることなく時間をかけて続けていったからだと思うのです。

同じことをやり続けることを、人間というのはどうしても嫌います。ましてやすぐに結果が出なければ、飽きてしまうし、面白くなくなってしまう。

そこで、別のことを始めようとしてしまう。ついつい別のことを始めたくなってしまうのです。

しかし、そうやってぶれてしまうと、やっぱりうまくいきません。これだ、と決めたものは、とことんやり切らないといけないのです。それこそが、結果を出すための最短の道だ、と私は考えています。そして、トヨタはそれを貫いてきたのです。

それこそ、「自工程完結」がうまくいかないからと、ほかのことをやり始めてしまうのが、いちばんいけないことです。何も生み出すことができない。今は、その正念場です。

「自工程完結」が目指しているのは、何度も書いてきたように、頑張っているのにうまくいかない、結果が出ない、という人を出さない、ということです。何よりこれこそが、生産性に悪影響を及ぼし、社員のモチベーションを奪っていくことになるから。

その意味では、目指すものはまったく間違っていないと私は思っています。そして「自工程完結」をきちんとやれば、「頑張っているのに結果が出ない」という人はいなくなると確信しています。

一生懸命頑張ったら、ちゃんと結果が出る。仕事の醍醐味を味わえる。やりがいを感じられる。そういう会社を作っていくことは、これまで以上に大事なことになるはずです。日本の会社は、早く変わらなければいけない。私はそう思っています。

私が四五年の会社生活を通じて得たいろいろな経験、多くの教えを受けた人々の素晴らしい考え方、それらのすべてが、「自工程完結」という名のもとで、「品質は工程で造りこむ」というトヨタの品質に関する理念を、次世代を担う人たちに引き継ぐ活動の糧になっています。

本書を書き上げて、あらためて、幸せな環境で仕事をさせてもらっていたのだなと、感謝の思いが湧いてきます。

堤工場で「水漏れゼロ」に取り組んだプロジェクトメンバーのみなさん、スタッフ部門への活動拡大に際し自工程完結推進室に集結した個性派のメンバーたち、活動推進にあたって多くの学びを与えてくださったトヨタ販売店の金井克夫氏、社外アドバイザーの畔柳芳徳氏、河合利夫氏、吉田和憲氏のお力がなければ、「自工程完結」は日の目を見なかったと思います。

「自工程完結」というテーマでの出版にあたっても、自己満足な思い込みではないかとの不安も少なからずあった中、企画の段階からダイヤモンド社の書籍編集局第一編集部の木山政行さんには、私の話を興味深く聞いていただき、勇気づけられました。また、上阪徹さんにはわかりにくくなりがちな話を、本当に素晴らしい構成でのご尽力で、なんとか出版可能な状態にしていただきました。この場を借りてお礼申し上げます。

二〇一五年一〇月

佐々木　眞一

[著者]
佐々木眞一（ささき・しんいち）
トヨタ自動車株式会社　相談役・技監
1970年３月 北海道大学工学部機械工学科　卒業
1970年４月 トヨタ自動車工業株式会社（現トヨタ自動車）入社
1990年４月 トヨタ モーター マニュファクチャリング　ＵＫ 株式会社　品質管理部長
1995年１月 トヨタ自動車株式会社堤工場品質管理部部長
1996年６月 取締役就任
2003年６月 常務役員就任
2004年６月 トヨタモーターエンジニアリング・マニュファクチャリングヨーロッパ株式会社　取締役社長
2005年６月 専務取締役就任
2005年10月 トヨタモーターヨーロッパ株式会社　取締役社長
2009年６月 取締役副社長就任
2013年６月 相談役・技監就任

現場からオフィスまで、全社で展開する
トヨタの自工程完結
――リーダーになる人の仕事の進め方

2015年11月12日　第１刷発行

著　者――佐々木眞一
発行所――ダイヤモンド社
〒150-8409　東京都渋谷区神宮前6-12-17
http://www.diamond.co.jp/
電話／03·5778·7232（編集）　03·5778·7240（販売）
装丁――――水戸部功
本文デザイン―布施育哉
チャートデザイン―うちきばがんた
本文ＤＴＰ―中西成嘉
編集協力――上阪徹
製作進行――ダイヤモンド・グラフィック社
印刷――――勇進印刷(本文)・慶昌堂印刷(カバー)
製本――――ブックアート
編集担当――木山政行

ISBN 978-4-478-06568-6